技術・家庭科

技術分野・家庭分野

授業の SUGO わざ

授業づくりシリーズ 第4巻

問題解決的な授業

アクティブ・ラーニングを取り入れた授業

生徒のやる気を引き出す授業

JN073737

K 教育図書

授業のSUGOわざ
もくじ

問題解決的な
授業度は？

生徒の様子をチェック！
生徒は次のことができますか？

- [ ] 先生に指示されなくても，考えて行動できる。

- [ ] 教科の内容で，困ったことがあると，友だちと相談して解決したり，自分で考えて解決したりしている。

- [ ] 生徒が教科書をよく使い，ボロボロになっている。

- [ ] 特に役割を決めなくても班学習やグループ学習を行うことができる。

- [ ] 10分でも，15分でも，1つの課題に集中して取り組むことができる。

- [ ] 先生に指示されなくても，教科書を開く。

- [ ] 家でものを直したり，料理をつくったりしている。

- [ ] 授業前の休み時間のうちに，技術室や家庭科室にやってくる。

- [ ] つくった作品は家に持って帰る。

- [ ] ニュースなどで見た技術や生活の話を先生にしてくる。

チェック ☑ がついた項目は

[　　] ／10

先生自身の指導の姿をチェック！
次のことを心がけていますか？

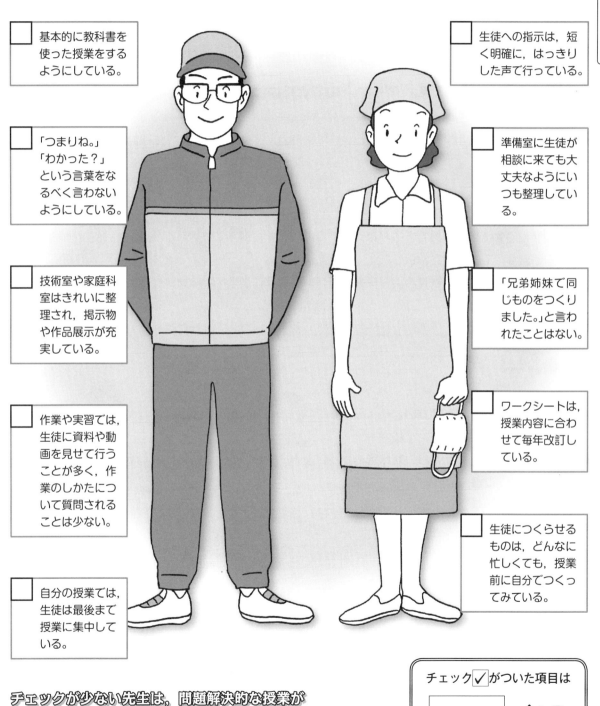

☐ 基本的に教科書を使った授業をするようにしている。

☐ 「つまりね。」「わかった？」という言葉をなるべく言わないようにしている。

☐ 技術室や家庭科室はきれいに整理され，掲示物や作品展示が充実している。

☐ 作業や実習では，生徒に資料や動画を見せて行うことが多く，作業のしかたについて質問されることは少ない。

☐ 自分の授業では，生徒は最後まで授業に集中している。

☐ 生徒への指示は，短く明確に，はっきりした声で行っている。

☐ 準備室に生徒が相談に来ても大丈夫なようにいつも整理している。

☐ 「兄弟姉妹で同じものをつくりました。」と言われたことはない。

☐ ワークシートは，授業内容に合わせて毎年改訂している。

☐ 生徒につくらせるものは，どんなに忙しくても，授業前に自分でつくってみている。

チェック☑がついた項目は

☐ ／10

チェックが少ない先生は，問題解決的な授業ができていないことが原因かも！？
本書を読んで，問題解決的な授業にトライしてみませんか。

QUESTION 1

工具や道具を選ばせる

「作業や実習の授業を問題解決的にした方がよい」と言われました。でも，どうすればいい？

今までの授業で，次のことに心当たりがあるかどうかをチェック！

CHECK 1

問題解決的な授業では，工具や道具を自分で選ばせているようですが，私の学校の生徒は，選択できるかどうか不安なので，教師が指示した工具や道具以外は使わせません。

けがきが終わった班は，ここから切断用の両刃のこぎりを持っていくこと。

ANSWER 1

CHECK 2

教師が進行の管理をしやすいよう，全員に同じ課題を出して，全員が一つの作業や実習を終えたら，次に進むようにしています。

次の作業をしたいのに待ちくたびれた。

ANSWER 2

CHECK 3

「考えさせる授業，問題解決的な授業を行いなさい。」と言われ，「工具や道具をどうしたらうまく使えるか？」を考えさせる授業に挑戦しています。

のこぎり引きでは，何が大切でしょうか。

やったことがない。答えが浮かばない。

ANSWER 3

ANSWER 1

作業や実習に合った工具・道具を生徒に選ばせるところから問題解決的な授業を始めましょう。

TRY 生徒に「自分で選ぶ」という経験をさせることにトライ！

　授業で，生徒が自分で何かを選択する，という経験を積ませることはできていますか。

　授業の効率を考えて，安全を考えて，失敗しないことを考えて，生徒指導を考えて，教師が授業の内容を決め，50分間，生徒は教師が決めたことをなぞる授業を受けている，ということはないでしょうか。

　そこで，そのような授業から問題解決的な授業にするために，まずは次のような授業改善にトライしてみましょう。

自分で　選ぶ！

生徒が自分の意思で，選ぶ経験を授業の中に取り入れましょう。
「選ぶ」という経験を授業の中にしかけましょう。
選んだことがある，という経験をすることが問題解決への第一歩です。

技術分野の授業改善例（材料加工）

Before 作業のための工具が決まっている。

＊木材の切断には両刃のこぎりを使いなさい。

> 皆さん，この両刃のこぎりで切断しましょう。

After 作業に向いた工具を選ばせる。

＊自分の作品製作に合った工具を選びましょう。

家庭分野の授業改善例（調理実習）

Before 使う食器が決まっている。

After 使う食器を生徒に選ばせる。

みなさんの調理に合わせてお皿を選んでみましょう

技術分野も家庭分野も「選ぶ」という経験を積ませることが大切です！

ANSWER 2
設計・計画に合わせ，作業や実習をどう進めたらよいか，生徒に考えさせましょう。

TRY 全員同じ作業の進め方から，一人ひとりのペースに合わせた作業や実習にトライ！

例えば，材料加工の授業では，全員が同じ木材にけがいた切断線を，全員が両刃のこぎりで切り，全員が終わるのを待って，次の作業に移る，という授業の進め方もあります。

このような授業は，教師には安心感があるかもしれませんが，生徒の気持ちで考えると，退屈でつまらないものです。

そこで，そのような授業から問題解決的な授業にするために，次のような授業改善にトライしてみましょう。

生徒の進度に合わせた，作業や実習を行う授業にしましょう。
一人ひとりの生徒が自分のペースに合わせた作業や実習を計画する授業展開に変えましょう。全員が終わるか心配かもしれませんが，作業や実習の計画の例示をすることで，その不安を解消できます。こうした授業の進め方で，生徒に見通しを持つ力を育てましょう。

技術分野の授業改善例（材料加工）

Before ＊次の計画で作業しなさい。

時間	作業工程	使う工具や材料
1	けがき	さしがね
2,3	切断	のこぎり，木工万力
4〜6	部品加工	かんな，やすり，ベルトサンダ
7,8	組み立て	げんのう
9,10	仕上げ・塗装	紙やすり，ニス

After ＊先輩の例などを参考に計画を立て，使う工具を選びましょう。

時間	作業工程	使う工具や材料（自分で決めよう）
1	けがき	
	切断	
	部品加工	
	組み立て	
10	仕上げ・塗装	

家庭分野の授業改善例（布を用いた製作）

Before ＊次の計画で作業しなさい。

時間	製作の手順	道具や縫い方
1	布裁ち	裁ちばさみ
2	ポケット口を縫う	まつり縫い
3	ポケットを本体に縫い付ける	ミシン直線縫い
4	脇を縫う	ミシン直線縫い
5	まちを縫う	ミシン直線縫い
6	持ち手を縫う	ミシン直線縫い
7	持ち手をバッグ口にはさみ，バッグ口を一緒に縫う	ミシン直線縫い
8	仕上げ	アイロンかけ

After ＊試作や掲示例などを参考に作業の計画を自分で立てましょう。

時間	製作の手順	道具や縫い方
1	布裁ち・バックの試作	ピンキングばさみ
2		
3		
4		
5		
6		
7		
8	仕上げ	

製作前に目玉クリップで試作をすることで，製作の見通しを持たせ，手順を考えさせる。

部分により，丈夫さやデザイン性を考え，縫い方や糸や針の番数を変えることを考えさせる。

先生や先輩の例を見せ，作業や実習の計画をまねさせるといいですよ！

ANSWER 3

工具や道具の使い方は，技能の学習として決まっています。それは考えさせることではなく，指導すべきことです。

TRY 工具や道具の正しい使い方を習得させる授業にトライ！

作業や実習の場面の「考える」とは，「工具や道具をどのように使うのか」ではなく，「（目的のためには）どの工具や道具を使うのか」を指しています。

工具や道具は，効率よく使える形状をし，それを「安全に使うための知識・技能の習得」は，技術・家庭科では何より大切です。

工具や道具の使い方はていねいに指導し，習得させることを目指しましょう。

SUGO わざ×ホップ!!
自分で作業や実習ができる

考えさせることと習得させることを分けて指導しましょう。
本書は「問題解決的な授業」ができるようになることを目的としていますが，それは，どんなことでも，生徒に考えさせる授業を目指すわけではありません。選択させてよいことと，ていねいに習得させることを整理して指導しましょう。

技術分野の作業で確実に習得させること

- 工具の持ち方，材料の固定のしかた，作業時の姿勢，片づけの方法
- かん水などの育成のしかた，農薬の扱い，収穫後の処理の方法
- 電気製品の安全な使い方，作業のしかた，配線，修理や保守点検の方法
- コンピュータの扱い方，情報モラルにおける著作権やセキュリティの知識　など

家庭分野の実習で確実に習得させること

- 地域の人との協働，高齢者との関わり方
- 肉・魚・野菜等の扱い，焼く・煮る・蒸すなどの調理法
- 和食，だしを用いた煮物や汁物
- 衣服の再利用の方法
- 自然災害に備えた住空間の整え方
- 物資・サービスや消費者被害
- クレジットなどの三者間契約　など

▲地域の人とお茶づくり

▲小学校で製作したエプロンにひもをつけ，前で結べるようにした。

「知識・技能」について，習得的に教えることは悪いことではありません。それが考えることにつながります！

QUESTION 2

作業や実習の授業を参観してもらったら,「もっと教科書を使った方がいいよ」と言われました。どう使うといい?

 **CHECK** ✓　今までの授業の中での教科書の使い方をチェック!

CHECK 1 ☐

教科書を使い,時間に余裕のある授業をしていますか?

> 構想図のかき方は,教科書の○ページを参考にしよう。まずは教科書の問題で練習しよう。

ANSWER 1

CHECK 2 ☐

教科書を使った授業が,座学のときだけになっていませんか?

> 教科書は実習のときに使いにくい気がして…。

ANSWER 1

CHECK 3 ☐

生徒からの質問に対して,教科書を使った対応をしてますか?

> 教科書より黒板を見てください。

> 先生の黒板の字や図はわかりにくくて。

ANSWER 1

CHECK 4 ☐

教科書を使わず,キット教材の説明書通りに作業をしていませんか?

> みんな,この本立てを説明書通りにつくろうね。

ANSWER 2

ANSWER 1 教科書を上手に使って，余裕のある授業をしましょう！

 TRY 教科書を上手に使い，少ない授業時数を有効に使うことにトライ！

　授業に慣れてくると，教科書が題材中心ではなく，内容中心にまとめられていることに扱いにくさを感じて，自作のワークシートを用いるなど，教科書を使わなくなることがあると思います。

　しかし，教科書には様々な機能があります。必要な知識が網羅され，作業のヒントや資料として使える上，考えたりまとめたりする方法も書かれています。

　先生方は作業や実習にも教科書を生徒に使わせているでしょうか。

　教科書を開かせる時間があったら，作業を行わせたい，実習を行わせたい，などと考えていませんか。

　実際には教科書を使うと，効率よく作業や実習が進むことが多くあります。次のような使い方がその一例です。

1　作業や実習で教科書の資料やヒントを確認

　授業で行う作業の内容説明や示範を，話や身ぶり手ぶりだけで示していませんか。教科書にある写真や図などを見せながら，内容の理解，使用する材料，工具や道具の使い方のポイントなどを押さえてみましょう。

○技術分野の例

木材の固定方法

コツ
板材に傷がつかないように，あて板を（ベニア板など）をはさみます。

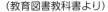

■例えば，教科書には，材料の固定の方法や，正しい姿勢，加工のポイントなどが詳しく記載されています。この部分を，先生の示範と重ね合わせて見るよう，指示をしてみましょう。（教育図書教科書より）

○家庭分野の例

■教科書の写真をプロジェクタに映し出したり，資料を拡大したりする方法もあります。

■例えば，教科書には準備するのが大変なTシャツの汚れを薬品で視覚化した写真が載っています。

■例えば，教科書にはミシン使用時の正しい姿勢や縫い方が示してあり，視覚化され，わかりやすくなっています。
（教育図書教科書より）

2　作業や実習中に質問されたら，教科書を使って説明

　作業や実習中，生徒から「先生」とあちこちで呼ばれ，困った経験はありませんか。

　生徒から作業中に相談されたときは，教科書を使いながら説明をするように心がけましょう。次第に生徒は，困ったら教科書を最初に確認するようになり，先生の出番は，先生にしか相談できないことに変わっていきます。

○技術分野の例

「こんなときは，教科書の○ページを見よう。」

「そうか，教科書の○ページの通りにすれば修正できるね。」

■組み立ててのくぎ打ちで困った生徒の相談に対して，教科書の該当ページを開いて，掲載されている修正の方法を教えます。すると，次第に生徒は失敗の際に自分で教科書を調べ，解決するようになります。主体的に学習する生徒に育っていきます。

○家庭分野の例

■生徒の質問にすぐに応えたくなる気持ちを抑えて，生徒が自分で答えを見つけられるように教科書を使うよう声かけをしましょう。例えば，「うまくできるコンロの火加減はどうだったかな？」「包丁を使った切り方は？」「布に合ったアイロンの温度は？」などを教科書で見つけて確認させるようにしましょう。

「先生，弱火ってどのくらいの火加減ですか。」

「教科書にあるので，それを見ようね。」

▲教育図書の教科書の説明

■調理実習や布を用いた製作では，ワークシートの中に教科書の参考ページを入れておくとよいでしょう。

ANSWER 2　キット教材などの説明書と教科書とを上手に使いましょう。

TRY　教科書を使って技能の背景や理論を学び，キット教材の説明書で製作のコツを学ぶ方法にトライ！

　キット教材の説明書もよくできていますが，製作できる技能が限定されていることが多いようです。そこで，生徒が得た知識を応用でき，工夫・活用ができるよう，教科書を使って，技能の背景や理論を押さえてからキット教材の説明書を利用してみましょう。

自分で作業や実習ができる　**SUGO わざ×ホップ!!**

○技術分野の例

【教科書】はんだづけの良否

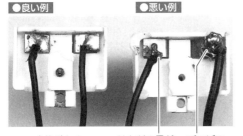

●良い例　　　　　　　●悪い例

全体がよく溶けている。　はんだの量が少ない。　てこぼこしている。

（教育図書教科書より）

得た知識を使って

【キット教材】部品をランドにはんだづけ

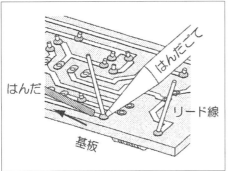

はんだ　はんだごて　リード線　基板

接合部を加熱した後，適量のはんだを溶かし，はんだごてを離す。（優良教材社説明書）

教科書にあるはんだづけの良否から得た知識・技能を使い，キット教材の説明書に合わせて，部品のはんだづけを行います。

○家庭分野の例

　教科書には，製作の手順や道具，材料の選び方，裁断，しるしつけのしかた，まち針のとめ方，ミシンの使い方，丈夫できれいに仕上げるコツなど，基礎基本がたくさん掲載されています。教科書で基礎基本を確認し，キットの説明書と合わせて製作すると，知識と技能が身につき，主体的な学びにつながっていきます。

キット教材で完成した作品例

トートバック

【参考】ズボンを再利用した例

　衣服等の再利用の製作においては，教科書に「再利用できる布の例」や「アレンジ例」なども紹介されています。教科書にある作品例が生徒の思考を深め，問題解決的な学習に有効なトレーニングとなります。

ズボンをバッグに

（教育図書教科書より）

QUESTION 3

生徒の失敗をフォロー

生徒が間違いや失敗をそのままにしてしまい，作品を上手につくれません。作品づくりを助けるにはどうすればいい？

CHECK 1 □

修正のための時間を考えて，製作や実習の時間を計画し，加えていますか？

側板と底板の接合のしかたを間違えました。

時間がないからそのままでいいよ。

ANSWER 1

CHECK 2 □

製作や実習で失敗したときの修正のしかたを教えていますか？

先生，ボタン穴の位置を間違えました。

ボタンつけの位置を変えてみて。

ANSWER 2

CHECK 3 □

失敗や修正，練習のための道具や材料を準備してありますか？

先生，ひもが短く，手が入りません。

予備材料の箱からひもを探していいよ。

ANSWER 3

ANSWER 1　修正の時間を作業や実習の計画に取り入れましょう。

TRY　時間を増やさずに修正の時間を取り入れることにトライ！

　作業や実習の時間は，どのように計画していますか。作業や実習を考えた授業計画にしていると思いますが，生徒が失敗したときの修正の時間や，設計や計画と完成品を比較したときの改善の時間まで考えて，余裕を持たせているでしょうか。修正の時間も大切な学習の時間です。その時間を取り入れた題材計画を立てましょう。

○技術分野の例

■材料加工の製作では

けがき	→	けがき
材料取り		材料取り
		修正
部品加工		部品加工
		修正
組み立て		組み立て
		修正
仕上げ		仕上げ

　題材の時間内に，総時間数を増やすことなく，修正の時間を加えてみましょう。授業づくりシリーズの第1巻や第2巻に掲載された授業改善の方法や，本書Q1，Q2の工夫をすることで，時間が生み出せると思います。

　また，修正の時間も，作業工程を計画する段階から生徒に提示しておくとよいでしょう。

○家庭分野の例

■布を用いた製作では

計画	→	計画
		修正
印つけ		印つけ
		修正
裁断		裁断
		修正
縫う		縫う
		修正
アイロンかけ		アイロンかけ

　調理実習では，計画段階での指導を確実に行い，修正をできるだけ少なくしましょう。そのためにも調理実習の事前・事後に家庭での取り組みを加え，知識・技能の確実な習得につながるように家庭での実践の工夫をしましょう。

ANSWER 2　失敗した生徒には，修正のしかたについて，ていねいな指導や支援をしましょう。

TRY　失敗を修正する方法について，指導や支援をすることにトライ！

　「失敗の修正のしかた」を教えることで，2回目以降，生徒は自主的に修正するようになります。そこで，次のような指導や支援にトライしましょう。

➡次ページへ　P.16へ↗

15

修正のしかたを一斉に指導しよう!

　例えば，木材の板が割れたときの修正のしかたなど，よく起こる基本的な修正については，修正の必要な生徒だけでなく全員に一斉に指導しましょう。授業の導入などのときに，事例をあげながら，映像教材などを用い，2〜3分ほどの時間で指導することもできます。

　技術と家庭では，それぞれ，次のようなことを一斉に指導しておくとよいでしょう。

○**技術分野の例**

A材料と加工の技術
①失敗したり曲がったりしたくぎの抜き方
②木材が割れたときの補修方法
③くぎ打ちを失敗した後の穴の補修方法
④げんのうて，板の表面を傷つけたときの補修方法，など
　　　　⇒ p.17 ベテラン先生のアドバイス参照

B生物育成の技術
①摘芽などの育成作業中，茎を曲げてしまったとき，など

Cエネルギー変換の技術
①はんだづけを失敗したときの補修方法
②コードの配線などに失敗したときの補修方法
③ねじの頭をなめてしまい，取り外せなくなったとき，など

D情報の技術
①自分の思った通りに動作しないとき，など

○**家庭分野の例**

A家族・家庭生活
①幼児のおやつづくりにおける食物アレルギーへの配慮
②幼児の遊び道具における安全への配慮
③高齢者との関わり方
④幼児との関わり方
⑤地域でのふれ合い活動　など

B衣食住の生活
①調理実習における計量・味つけ・加熱方法など
②布を用いた製作におけるしるしつけ・裁断・縫い方
③住まいの安全対策・ユニバーサルデザイン・防犯等に関する調査　など

C消費生活・環境
①金銭管理や消費者被害から守るしくみ
②環境に配慮したライフスタイルに関する調査など

ANSWER 3

修正の道具，練習や失敗したときの材料を準備しよう!

TRY 修正に必要な道具，練習や失敗したときの予備の材料を準備することにトライ!

○技術分野の例

◀修正に必要なやすりなどの工具をまとめて置いた例

○家庭分野の例

◀練習のための試し布の例

修正のしかたエトセトラ

ベテラン先生のアドバイス

○技術分野の例

❶くぎ打ちの位置を間違えたときの修正方法

くぎを抜く。

正しい位置に打ち直す。

▲くぎを抜いて打ち直す。穴は❸の方法で埋める。

❷組み立てて木材が割れたときの修正方法

割れ目

接着剤

太い輪ゴム

▲割れ目に接着剤を入れ，ひもや輪ゴムでしめる。

❸板の接合てすき間ができたときの修正方法

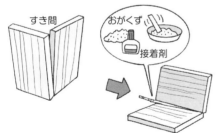

すき間

おがくず

接着剤

▲接着剤とおがくずを混ぜたものをすき間に詰め込む。

❹はんだを余分につけたときの修正方法

▲吸い取り線て余分なはんだを吸い取る。

○家庭分野の例

■基礎・基本のミシンの扱い方・まつり縫いなどは，コンピュータの動画を見ることができるようにしたり，お助けカードや修正見本を掲示したりして，生徒自ら修正できるような環境整備をしましょう。

おさえレバーを動かしてみよう

▲動画によるミシンの指導例

■修正が必要になったタイミングで，生徒を集めて示範する。

■調理での失敗とフォロー

中まで火が通っていない。

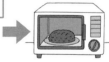

▲生焼けハンバーグは，電子レンジで加熱する。

■いたんだ布地を利用して

▲使える部分を袋にしてポシェットなどにする。

SUGOわざ×ホップ!!
自分で作業や実習ができる

「キット教材」で主体的な学び

QUESTION 4

キット教材による実習で，形や内容を工夫した生徒がいました。キット教材と主体的な学びは結びつくのかな？

CHECK ✓ 主体的な学習に結びつく「キット教材」の選び方について，どのくらい考えているかをチェック！

CHECK 1 ☐

全員が同じものをつくり，同じ作業や実習を行う「キット教材」を選んでいませんか？

キット教材でも袋の形や布地を工夫したいな。

ANSWER 1

CHECK 2 ☐

「キット教材」を利用し，工夫してつくった作品見本を準備していますか？

材料は同じでもアイディア次第でいろいろな作品ができます。

ANSWER 2

CHECK 3 ☐

「キット教材」のつくり方通りの説明で，途中の修正も認めず，生徒のやる気をなくしていませんか？

先生は「説明書通りにつくりなさい。」と言うばかり。少し変えたいな。

つまらない

ANSWER 3

設計や計画を工夫できる余地があり，作業計画を書き込めるワークシートなどがついた「キット教材」を選びましょう。

いろいろな完成作品例や作業計画などが添付され，設計や計画を工夫できる余地のある「キット教材」を選ぶことにトライ！

少しでも工夫できるキット教材を選ぼう！

選ぶときは，少しでも工夫できるキットを選び，次に，①生活で活用できるか，②ゆとりを持ってつくれるか，③予算内に収まるか，④学校の設備で可能であるか，⑤生徒につくれるか，⑥難易度を示せるか，などを先生自身で製作してみて検討します。

○技術分野の教材例

同じキットから違う作品

多種類の作品ができる。

○家庭分野の教材例

同じキットから違う作品

ショルダーバッグ　　防災リュック　　トートバッグ

カタログを読み取ろう！

作品例が多く載っていたりしても，工夫できる幅が広いとは限りません。地味でも同じ形でも，接合方法や縫い方を自分の技量に合わせることができたり，一部の形状を工夫できたりするものを選びましょう。

作業計画のついたキット教材を選ぼう！

作業計画にそって，①材料表，②デザインの参考例，③考えたデザインの記入用紙，④製作工程をまとめられるワークシートや方眼紙，などが付属したキット教材もあり，このような教材を選ぶのもよいでしょう。

キット教材に付属のワークシート例
（優良教材社）

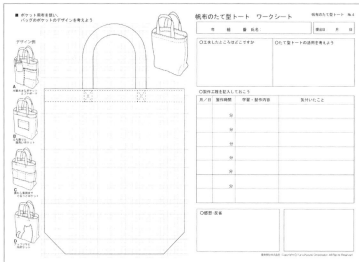

悩みの相談室

キット教材や決まった材料で，どんな問題解決的な授業ができるの？予定していた授業時間で終わるの？

先生方の心配には，次のような問題解決的な授業で対応ができます。

進行予定した授業時数で終わるか心配！

「キット教材」で工具や道具，材料を用いて作業や実習の方法を工夫させるときは，決まった内容であり，時間がかかりすぎる心配はあまりありません。むしろ，生徒の意思が生かせ，張り切って作業や実習をするため，ほとんど時間内で終わるようです。

しかし，製作や実習を工夫した教師による事例では，初めての取り組み時は，指導計画に「予備時間」が必要との感想が多くあります。

工具や材料などの選択が心配！ ＜技術分野の例＞

> 足で押さえるかクランプかの材料の固定方法，木工やすりかベルトサンダかによる削る方法，ワックスか塗料かの仕上げ方法などを選択することから始めましょう。

例１：削る工具を選ばせ，加工後の検査と修正をする例
切削用の工具や機械を選べるようにする。

どの工具や機械を使っても加工後の検査と修正は行う。

木工用やすり　　平かんな　　ベルトサンダ　　角度の検査

例２：材料の固定方法を選ばせる例
様々な材料の固定の方法を提示し，条件に合わせた最も適切な固定方法を選ばせるようにする。

Ｌ型クランプで　　椅子と手や足で　　木工万力で　　友だちと協力して

製作や実習が心配！道具や食材などの選択が心配！　＜家庭分野の例＞

例1：主菜を「ムニエル」と決め，「つけ合わせ」を選ばせる例

| ジャガイモと
アスパラガス | ニンジンと
ブロッコリーなど | ミニトマトと
アスパラガスなど | ホウレンソウと
ブロッコリーなど | ニンジンと
カリフラワーなど |

例2：食材を決め，調理法を選ばせる例

焼く　　　焼く　　　煮る　　　煮る　　　煮る

○炒める，焼く，煮る，蒸すなどの調理法を決めた上で，食材を選ばせる方法もあります。

　調理法や食材を選ばせた場合は，生徒が考えたレポートを掲示すると学習への達成感を高め，主体的に学ぶ態度の形成につなぐことができます。

掲示例　　煮る　　焼く　　炒める

例3：布を用いた「キット教材」から複数の製作物や縫い方を選ばせる例

【材料】
・フェルト
・スナップボタン
・わた
・糸

【条件例】
1 繰り返し使えるように丈夫に仕上げるための縫い方を選ぶ。
2 幼児の能力を伸ばす遊び方を工夫する。
※ 安全に配慮した作品である。製作時間5時間

魚釣りの例
1 魚の中のわたが出ないように細かく縫う。→返し縫い
2 集中力をつける。色の感覚や数のイメージを身につける。

お花時計の例
1 お花の花びらを丈夫に縫う。→かがり縫い
2 時間がわかる。リボンを結ぶことができる。花びらの取り外しをすることで手指の訓練になる。

「キット教材」では，生徒が工夫できる時間をつくり，設計や計画の基礎が学習できるようにしましょう。

TRY キット教材を使い，作品見本や製作見本などから生徒が選択できる場面をつくり，設計や計画の基礎づくりにトライ！

設計や計画の基礎が学習できるような場面を設けよう！

生活体験や製作経験が少なくなった生徒に，いきなり設計や計画の学習は難しいようです。

そこで，「キット教材」からの選択を通して，目的や条件のためにつくりたいものをどう選ぶか，選んだものを設計や計画にどう生かすかなどで，設計や計画の基礎を学習しましょう。

技術分野の例

目的や条件に応じて，くぎか木ねじかの強度の異なる接合方法を選択するなど，加工法や接合法などを選ばせながら，設計や計画の基礎を学習させましょう。その場合，準備した接合方法などの加工見本や教科書の付属資料，映像教材などで生徒自身が進んで学べるようにします。生徒には，加工精度のみを追求するのではなく，設計のしかたを学習できるようにしましょう。作品の製作は，満足して使える程度の加工精度が保たれれば「良」としましょう。

家庭分野の例

縫い方などを選ばせることで計画に必要な選び方を学習させましょう。その場合には，製作の段階に応じた見本は有効で必要です。縫い方や手順を示す見本は，班に1セットは準備しましょう。パソコンに製作手順や縫い方の動画を提示できるようにするとより効果的です。

【難易度を変えられる縫い方の段階見本】

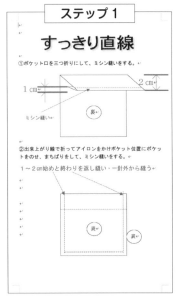

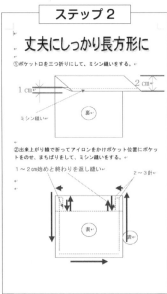

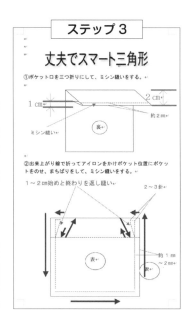

「キット教材」通りの一斉指導から，生徒の主体性を認める「ゆるやか」な指導に変え，生徒のやる気を引き出しましょう。

「正確さ」を強調しすぎないようにし，授業の雰囲気を柔らかにして，途中での修正や変更を認める指導法にトライ！

主体性を認める「ゆるやかな」授業を心がけよう！

生徒を「説明書通り」→「工夫」へと変え，のびのび学習できる授業にしましょう。

図面や計画通りにつくらなければ，先生に注意される。

「正確さ」の「プレッシャー」から解放された頭脳

あ！ここを直せばもっと便利になりそうだ。

そのため「知識・技能」の指導を見直そう！

「知識・技能」と学びの必然性を感じると，生徒の「知識・技能」の習得は確実なものになるでしょう。

すべてを細かく指導するのでなく，次のように「知識・技能」を2つに分けてみましょう。技能では，ポイントを押さえれば質問する生徒の数が減り，完成度は向上する事例が多く見られます。

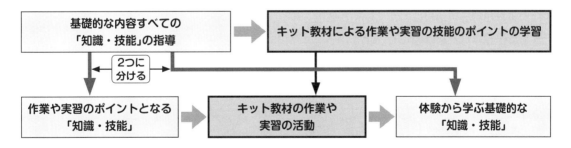

設計図や計画表通りから「変更」を認める「ゆるやかな」指導にしよう！

修正や変更は自由に認めるのでなく，使用目的に合うかを確認してから認める必要があります。生徒の考えを認める授業の雰囲気にすることで，結果的に設計や計画の意図が生かされ，精度がある程度保たれた作品や実習になっていきます。

計画づくりができる生徒

QUESTION 5

進度が順調な生徒は,見通しを持った作業や実習の計画を立てていました。どうしたらそんな見通しが持てるのかな?

CHECK ✓ 一斉指導・全員同じ歩調で進める授業方法から,個々の生徒の進度で進められる作業や実習の授業方法にしているかをチェック!

CHECK 1

作業や実習に見通しを生徒に持たせるようにしていますか?

> 今日の作業の次は,何をするのかな。作業は,今日中に終わらせるのかな。

ANSWER 1

CHECK 2

個々の生徒の作業や実習がねらい通りに進んでいるか,確認していますか。

> 全員同じ作品だとチェックしやすいけれど,これからは改善しないと・・・。

ANSWER 2

CHECK 3

作業や実習がねらい通りにできているか確認できる製作見本などを準備していますか?

> 今日の作業の手順は,この見本を見て行いましょう。

ANSWER 3

CHECK 4

作業の途中で設計図や計画表を見直す時間を設けていますか?

> 先生は本立てにペン立てをつけることを認めてくれました。

ANSWER 4

ANSWER 1
設計や計画をもとに，作業や実習を進めるための見通しを持たせましょう。

TRY 今日の作業や実習が題材全体の中で，どの位置にあるかを知らせ，作業や実習に見通しを持たせることにトライ！

作業や実習の流れや条件を板書などで明示

作業や実習の流れを黒板に明示した技術分野の例です。家庭分野の参考にもなります。

本日の作業の流れを明示。

使える機械や工具の種類と特徴，注意事項を明示。工具選びの目安となる。

題材全体の流れを明示。

次回は何をするかを知らせるため，授業の流れを明示。

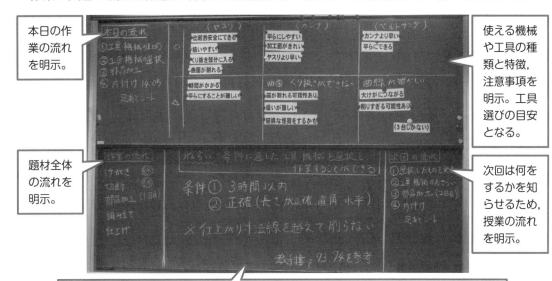

授業時間の中で，材料や加工の状況に応じて適切に機械や工具（家庭分野では道具）を選べるようにするために，授業のねらいや制約条件を明示。

SUGO わざ×ステップ!!
自分で計画できる

生徒それぞれの進度で作業や実習を進めるための指導のポイント

見通しを持った作業や実習の実現には，次の図のように，生徒が「自分自身の状況の把握」と「教師から示された制約条件や授業時数などの制約条件の把握」とを比較・判断できるようにします。

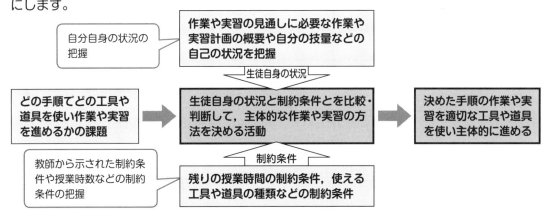

自分自身の状況の把握

作業や実習の見通しに必要な作業や実習計画の概要や自分の技量などの自己の状況を把握

生徒自身の状況

どの手順でどの工具や道具を使い作業や実習を進めるかの課題

生徒自身の状況と制約条件とを比較・判断して，主体的な作業や実習の方法を決める活動

決めた手順の作業や実習を適切な工具や道具を使い主体的に進める

制約条件

教師から示された制約条件や授業時数などの制約条件の把握

残りの授業時間の制約条件，使える工具や道具の種類などの制約条件

ANSWER 2

設計や計画通りに作業や実習を進めるためのポイントを生徒が確認できるようにしましょう。

TRY 設計や計画にある目的や条件を満たして作業や実習が進んでいるか確認することにトライ！

目的や条件通りにできているかを生徒が確認できるように板書などに明示

○技術分野の例　　設計時の条件　　　　　○家庭分野の例　　学習目標や課題

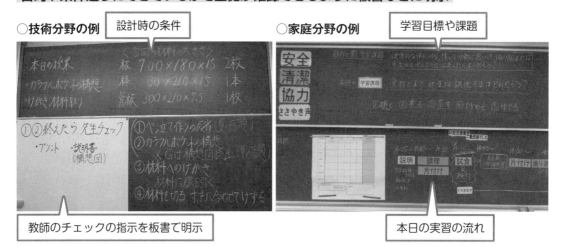

教師のチェックの指示を板書で明示　　　　　　本日の実習の流れ

ワークシートに進度や作業，実習内容などを記入（技術分野の例）

　必ず，チェック欄や記入欄を設けるようにしましょう。チェック欄には，自己点検以外に，生徒同士の「双方向な学び」も取り入れ，最終的には，教師が確認する時間も取りましょう。

授業回数	あなたの進度	授業の工程や計画	作業や実習の内容 計画通りだったら ☑	使用する工具や道具など	先生の確認
1	（日付記入欄）	木取りのけがき作業，切断して部品取り	□作業や実習内容 （　　記入欄　　）	○使用する工具や道具名 （　　記入欄　　）	
2	（　　　　）		□作業や実習内容 （　　　　　　）	○使用する工具や道具名 （　　　　　　）	
3	（　　　　）	学習済みは色を塗り，日づけを記入	□作業や実習内容 （　　　　　　）	○使用する工具や道具名 （　　　　　　）	
4	（　　　　）	工程名や計画内容	□作業や実習内容 （　　　　　　）	○使用する工具や道具名 （　　　　　　）	
～ 7		生徒に記録させることも大切ですが，教師が一人ひとりの進度を記録しておくことも評価などのために大切です。			
8	（　　　　）	工程名や計画内容	□作業や実習内容 （　　　　　　）	○使用する工具や道具名 （　　　　　　）	

（　　）は生徒が記入

ANSWER 3

製作見本などを使い，各工程や計画ごとの作業や実習の進度を生徒に確認させましょう。

TRY 作業ごとの製作見本や検査用見本，掲示や映像のお助け資料を準備したり，相談コーナーを設置したりすることにトライ！

作業ごとの見本や資料を準備

製作見本などを準備すると，一斉作業・一斉学習から問題解決的な授業へ進むことができます。準備には時間が必要ですが，準備にかけた時間以上の効果が期待できます。

細かい質問がなくなる見本や掲示物などの効果

見本例は，紙面上に掲示する方法や掲示物で示す方法などもありますが，特に，製作見本は効果的です。製作見本を示すだけで，細かい質問がなくなった事例が多く見られます。

見本や掲示物にはこんなものもあります

その①　工程や作業手順の流れを示し，ゴールのイメージを持たせる見本や掲示物

その②　つまずきを解消する見本や技能の評価の判定基準を示した見本や掲示物

その③　正しく作業ができたかの点検や確認をする検査用見本　などがあります。

その① ゴールのイメージを持たせる見本例

○技術分野の計画の例（材料加工）

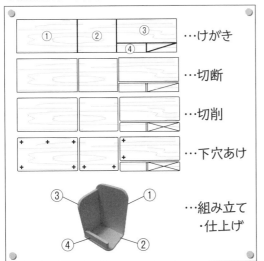

①②③④ …けがき

…切断

…切削

…下穴あけ

③①④② …組み立て・仕上げ

○家庭分野の計画の例（食）

○先輩の完成レポートでゴールのイメージ

SUGO わざ×ステップ!!　自分で計画できる

その② つまずきを解消するためや技能の評価のための見本例

例 LED回路の製作手順の見本例

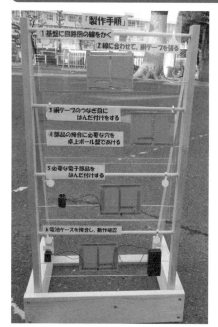

暗くなると点灯し，明るくなると消灯するなどの使用目的に応じたLED回路の設計の作業手順の見本。
設計見本にもなっている。

ブックエンドの見本例

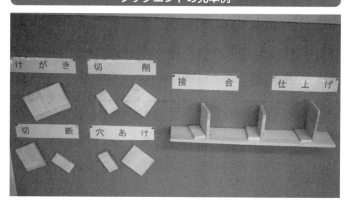

電気回路の点検箇所を示した見本例

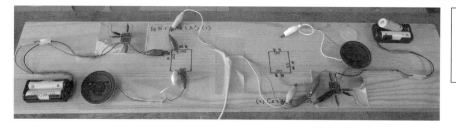

組み立てた回路が正常にはたらくかどうかを点検するときの検査用見本の例。

縫い方の技能を評価するときの判定基準を示した見本例

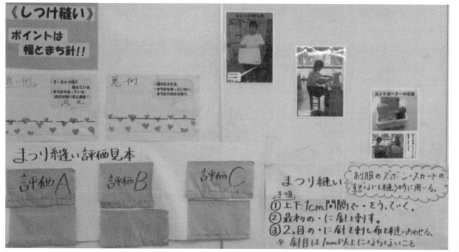

評価A

評価B

評価C

強力マグネットで黒板に貼ると効果的です。

その③　作業や実習の点検や確認をするための見本例

実寸のけがき見本例　実寸の実物けがき見本に合わせて検査する例

組み立て方法や検査の見本例　技能の問題箇所を発見できる見本例

仮組み立てて検査箇所を示した例

検査なしで組み立てた失敗の見本例

上の例では，加工した材料を実寸の見本の上にのせて比べ，検査できる。左の例では，仮組み立てのときの検査の必要性と検査の箇所がわかる。

防災バッグの製作見本の例

段階1：しるしつけ見本
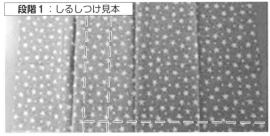

段階2：布断ち見本
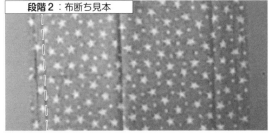

段階3：バッグ口・脇縫い見本
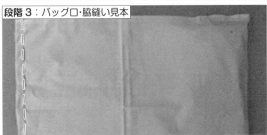

段階4：布の合わせ縫い見本
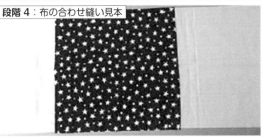

段階5：肩ひもつけ見本
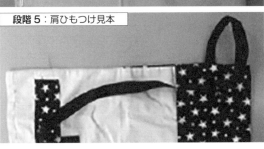

生徒が主体的に製作するためには，基本の工程や縫い方がわかる製作見本が必要です。製作見本は，「裁断→しるしつけ→縫う」など，手順の理解と課題解決への一歩になります。見本は，
①表と裏の違いがわかりやすい色の布で，
②糸や印は目立つ色で，つくりましょう。

SUGOわざ×ステップ!!　自分で計画できる

立てた計画について，一定の作業ごとにふり返る機会を
設けましょう。設計や計画の修正・変更を認めましょう。

計画通りに進めることも，設計や計画を見直しすることも大切です。
どちらも問題解決的な授業としてとらえて指導することにトライ！

設計や計画の見直しのポイント

目的や条件を満たすかを考えた上で，設計や計画の見直しをさせましょう。

設計や計画の修正の手順

設計や計画に基づく作業や実習	ふり返り 目的や条件を満たしているか？	設計や計画を修正する
自分ではわからない設計や計画の不都合に気づかせる。	班単位や個々の生徒による「ふり返り」の機会を設け，設計や計画の不都合に気づかせる。	「ふり返り」で気づいた不都合を目的や条件に照らして修正・変更する。

生徒自らがわかった作業や実習の不都合だけでなく，気づかない問題について，「ふり返り」で確認する機会を設け，必要な修正をさせましょう。

技術分野の例

ものづくり体験が少ない生徒は，設計や計画段階で，不都合が生じることが多いので，必ず「ふり返り」で確認させる機会を設けましょう。その場合には，学習のねらいに沿った修正をするように指導しましょう。ただし，「D　情報の技術」に関しては，設計と制作・製作とを試行錯誤しながら進めることになりますが，ねらいを逸脱しないよう指導しましょう。

家庭分野の例

調理計画の場合，生徒には2つ以上の調理の同時作業や調理作業のタイミングが難しいことがあります。また，布を使った製作では，布の大きさや縫い代など，早い段階でつまずくことが多くあります。ひと通り生徒の点検や生徒への質問をして，失敗しそうな点について，生徒に注意を促すようにしましょう。

悩みの相談室

見本づくりは時間がかかりそうで…

Q 作品見本などが有効なことはわかりますが，準備する時間が多くかかりそうで…。

A 確かに準備する時間がかかります。自身の意識の持ち方が大切です。これからは，従来型の教え込みから問題解決的な授業に切り替える必要があります。問題解決的な授業には，様々な教材・教具が必要で，その一つが実物の見本です。

| 授業時間内で勝負する **従来の授業** → | 授業の50分 個別の対応 |

| 準備して勝負する **問題解決的な授業** → | 教材準備の時間 | 授業の50分 授業内容の「質」の高まり | → 結果的に指導が楽に |

SUGO わざ×ステップ!!
自分で計画できる

　従来型では，作業や実習で生じてくる問題に個別に対応するため，息つく暇がないほど忙しかったのが，問題解決的な授業では，作品見本や製作見本などで生徒が自分の力で対応するため，教師は逆に個々の生徒に目を配る余裕ができます。また，見本には，つまずきのポイントをつかんだりできる利点があります。

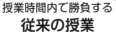
順番に見るから少し待って！

先生！助けて！

先生！ここどうするの！

説明してありますよ。

見本や掲示資料があれば…

先生！糸のかけ方がわからない。

先生！失敗しちゃった！

準備に少しの時間が必要だけれど，個々の生徒に眼を配る時間ができる。 一度つくれば何年間か使えます。

自分の力や生徒同士が互いに教え合うことで解決し，解決できない生徒のみが相談にくる。

設計や計画でのアイディア

自分で調べ，面白い設計や計画をした生徒がいます。全員から独創的なアイディアを出させるにはどうすればいい？

 **CHECK** ✓ 教え過ぎず，生徒の独創的な「アイディア」が出てくるような指導をしているかチェック！

CHECK 1 □ 生徒が「アイディア」を出す機会を奪い，教え込んでいませんか？

皆さんの家では本立てがあると便利ですね。だから，みんな本立てをつくりましょうね。

自分はスマホスタンドがつくりたいなあ。

ANSWER 1

CHECK 2 □ 「アイディア」を生み出せるように学習環境を工夫していますか？

先生から「自由な形のバッグをつくっていい。」って言われたけれど。ヒントがどこにもない。

 ヒントのある学習環境

ANSWER 2

CHECK 3 □ 生徒から出てきた「アイディア」を尊重していますか？

 ハンバーグのつけ合わせをゆでたブロッコリーにしたいな。

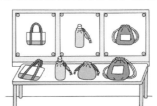 あなたの計画では失敗します。先生の言う通りにしなさい。

ANSWER 3

CHECK 4 □ 1年生から設計や計画のしかたをすべて教え込もうとしていませんか？

 自由に設計・計画をしましょう。

 アイディアが浮かばない，どうしたらよいかわからない。

ANSWER 4

生徒の「アイディア」を尊重し，教え込みの指導スタイルを見直しましょう。

TRY 生徒のアイディアの支援をする授業を研究して，生徒がアイディアを持てる支援型の指導スタイルに変えることにトライ！

　問題解決的な授業では，従来の教え込み型の授業スタイルから，支援型の指導スタイルに変えていきます。しかし，基礎的内容の習得や安全指導の場面では，従来型の教え込み型の一斉指導も必要です。

ヒントを示すときの教師の姿勢

教え込み型「先生の説明を聞いたね。みんなわかったね。」

支援型「これを参考にするといいよ。コーナーも参考になるね。」

＊生徒に寄り添う目線で

設計や計画の学習では，生徒に寄り添う目線の指導を多くします。直接口頭で解決策を示さず，解決への資料を示すことで，自分がアイディアを出した気持ちにさせましょう。

相談されたときの対応のしかた

教え込み型「先生の言う通りにしないと失敗するよ。」

支援型「面白いね，でもこうしたらもっとよくなりそう。」

＊生徒に寄り添う目線で

すぐに，解決策や方法を答えないで，間をおき，最初にアイディアを認め，次に支援すべき情報やヒントを示しましょう。

生徒が選ぶ相談相手

教師主導型「だめだめ。先生がつくってあげるよ。」

主体的な学び型「こうするとうまくいくかな。」「この方法がよさそう。」

問題解決的な授業スタイルが定着すると授業秩序を保ちつつ，自然に相談相手が，教師→生徒へとなります。こうなれば最高です。

ANSWER 2　豊かな「アイディア」を生み出せるような学習環境を工夫しましょう。

TRY 生徒から設計や計画がしたいという気持ちにする学習環境をつくることにトライ！

　次の例を参考に，生徒からのアイディアを生み出せる工夫をしてみよう。教室環境が変われば生徒の意識が変わり，自分で考えるようになります。

○考える大切さのための雰囲気づくりの例

自分で考えることの大切さを投げかけ，考える学習の雰囲気づくりを掲示で行う。

○工夫された学習成果から刺激する例

よいアイディアを生かした設計図例を技術室入口に掲示すると，他生徒の参考となる。

○先輩のアイディアを生かす例－1

さりげなく教卓に先輩の作品を置いておくと，アイディアを出せない生徒の参考になる。

○先輩のアイディアを生かす例－2

先輩の例は，親しみを感じるとともに，使える工具や道具の条件が同じため，作品づくりのゴールへの見通しになる。

○参考となる図書や資料を置く例

献立作成のときのアイディアづくりや資料を得るために参考図書や資料を置く。

○コーナーを設けてアイディアを示す例

・先輩の作品コーナー	・プリントコーナー
・面白グッズコーナー	・材料の種類コーナー
・調理道具コーナー	・縫い物道具コーナー
・住宅あれこれコーナー	・ファッションコーナー
・生活の情報コーナー	

○五感で観察するポイントを示した掲示物の例

調理実習の観察ポイント

聴覚（耳できく）
食材を切る音，調理中の音，噛む音，食卓での会話

視覚（目でみる）
食材の色，焼き色，変色，つや，彩り，盛りつけ，季節感

触覚（口ざわり，舌ざわり）
かたさ，粘り，やわらかさ

嗅覚（鼻でかぐ）
食品・食材の臭い，調理中・調理の香り

五感

味覚（舌で味わう）
甘味，塩味，苦味，酸味，旨味，風味

ANSWER 3

生徒から出た「アイディア」を尊重し，意欲を引き出す
言葉がけや働きかけを心がけましょう。

TRY

やる気を失う一言に気づき，意欲を引き出し，「アイディア」を
具体化させる働きかけにトライ！

やる気を失う言葉 ◄──────────► 意欲を引き出す言葉

困って相談しにきた
生徒へ

そのアイディア，
無理だよ。もう
一度やり直し。

学校にある道具でできるかな。使える道具を
確認してごらん。

このアイディアで先輩はすばらしい
ものをつくったよ。

そのアイディアでは，
時間が足りなくなるよ。

先輩の事例を出すのは，効果的。

盛りだくさんの
アイディアを出した
生徒へ

まあまあだね。

次のステップへ
進むのに行き詰まっている
生徒へ

この資料を参考（見本）にしてね。

通り一遍の言葉がけでは，
生徒は意欲を失う。

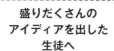

次のステップへの行き詰まりを打開
する資料や実物の見本を提示。

張り切っているが，
学習課題の条件を
満たしていない
生徒へ

すべての栄養素が入っ
ていないからだめ。や
り直し。

「なかなかよいアイディアだね」「いい
ヒラメキだ」「斬新だ」「イイネ」「なるほ
どよい考えだ」「そうだね」などと認め
るコメントに加え，「もう一息。学習
課題を満たしているか確認しよう」
などと不足箇所を指摘する。

まずは，認める・褒める，次に励ます，そして，足りな
い箇所を自分で確認させる。

SUGO わざ×ステップ!!
自分で計画できる

「アイディア」を生かした設計や計画の学習がスモール
ステップになるように3年間の題材配置を工夫しましょう。

1年生からの自由設計や自由な計画ではなく，3年間を見通し，
1年⇒2年⇒3年と少しずつ自由度を上げる指導計画の作成にトライ！

　次のことに配慮して，設計や計画の自由度がスモールステップになるように題材を配置していきましょう。

　1年生では自由な設計・計画が難しい場合，「設計や計画の学習の基本を学べば，2年生・3年生では自由に設計・計画できます。」という「魔法の言葉」を投げかけておきましょう。

キット教材から出発し，徐々に自由度を高めていく題材配置の工夫例

①キット教材で全員同じ作品(布を選べる)

②生徒の意思が許されるキット教材(ポケットをつけられる)

③設計や計画できるキット教材(完成見本から選ぶ)

④指示した条件下で自由(古着を再利用)

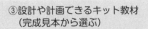

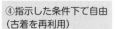

(①〜③クロッサム提供)

「知識・技能」と「思考・判断・表現」の配置を工夫する例

　技術分野ではA〜D，家庭分野ではA〜Cの内容項目の関連を考えながら，1年生では，「知識・技能」の学習内容を多く，2年以降は「思考・判断・表現」の学習内容を多くする題材を配置します。スモールステップの題材配置が難しい場合は，教科書の題材例や地域の他校の例を参考にするとよいでしょう。「知識・技能」の指導に関しては，できる限り効率的に習得できる方法を工夫しましょう。

どの場合も設計や計画のヒントを示す工夫例

　自らの意思で設計や計画をしていくことへのヒントが得られる図書や資料，先輩の作品例の準備，対話的な学びのしかけ，支援する教材の準備がポイントです。

3年間での指導計画の工夫例

　37ページの「ベテラン先生のアドバイス」に，その例を示しました。

ベテラン先生のアドバイス

３年間での題材計画の工夫例

○技術分野の例

「キット教材」で加工法などを
生徒が選んで製作・育成・制作する。
生活の範囲は，身近な生活

1年

キット教材を選び，数例の
お手本を参考に設計や計画を立てる。
生活の範囲は，地域社会での生活

2年

自分で設計や計画を立てる。
生活の範囲は，社会や産業での生活

3年

学年ごとに基礎学習を減らし，設計や計画の割合を増やしていくように題材を配置。

基本的な「知識・技能」の学習

発展的な「思考・判断・表現」の学習

「知識・技能」の基礎学習を主とした題材の配置。

設計や計画を主とした題材の配置。生活の範囲を社会や産業へ広げる。

SUGO わざ×ステップ!!
自分で計画できる

○家庭分野の例

布を使った製作の例

○キット教材を利用
　例：マスク
　　　手縫いやミシンの使
　　　い方の技能を学ぶ。
　　　縫い方を選ばせる。

○自分で材料を準備
　例：ペットボトルホルダー
　　　布（綿・ポリエステル・綿ポリ混紡）を
　　　選択させる。
　例：マイお弁当入れ
　　　サイズや形を選択させる。

○工夫できる材料セットを利用
　例：マイパンツづくり
　　　同じテーマで個々に
　　　つくる物や用意する
　　　物を計画する。
　　　　　　　　（クロッサム提供）

調理実習の例

1年

○同じ題材で調理
　例：けんちん汁
　　　包丁と火の扱い方の
　　　技能を学ぶ。

▲けんちん汁

2年

○つけ合わせを選んで調理
　例：魚料理で煮る，肉料理で焼く，野菜料
　　　理で蒸すなどを決め，つけ合わせの材
　　　料を選ばせる。

○同じ食材（魚）で煮る・焼く・蒸すかを選んで
　調理
　例：サバ煮，焼ジャケ，
　　　タラと野菜の蒸し煮

3年

○自分で主菜とつけ合
　わせともに選んで調
　理

▲煮魚

少しずつ自由度を上げていくのがポイント

対話的な学び

QUESTION 7

友だちと相談して，設計や計画をうまく修正する生徒がいます。グループ活動などを取り入れると上手に修正できるのかな？

CHECK ✓ 設計や計画の学習では，「私語」と対話的な学びとなる「相談活動」とに分けた授業展開ができているかをチェック！

CHECK 1 ☐

「私語」を一切認めない授業を展開していませんか？

「前向いて」「私語禁止」「静か」に設計・計画しなさい。

ANSWER 1

CHECK 2 ☐

「対話的な学び」の指導方法がワンパターンになっていませんか？

班のメンバーとは十分に話し合ったのに‥‥。

ANSWER 2

CHECK 3 ☐

グループ活動での「対話的な学び」を話し合って終わりにしていませんか？

グループで話し合ったことを発表しましょう。

ANSWER 3

CHECK 4 ☐

「対話的な学び」は，生徒同士だけと考えていませんか？

話し合いだけでなく，資料を見てもいいのかな？

ANSWER 4

ANSWER 1 設計や計画では,「私語」と対話的な学びである「相談活動」とを区別した授業展開をしましょう。

TRY 「導入」「展開Ⅰ」「展開Ⅱ」「まとめ」の授業展開の中で,私語の禁止の時間と相談活動をできる時間のある授業方法にトライ!

導入・展開Ⅰでは私語は禁止,展開Ⅱ・まとめでは相談活動を認める

学習活動の内容(学力の種類)によって,指導形態を変えていく必要があります。

導入	展開Ⅰ	展開Ⅱ	まとめ
学習内容へ気持ちを向け,授業に入るための学習活動。	「知識・技能」の基礎内容をしっかり学習し,習得する学習活動。	基礎内容を活用し,「思考・判断・表現」につながる設計や計画の学習活動。	学習活動をふり返り,何を学んだかを確認する学習活動。

実物などを提示し,身近な話題で学習への興味を導くと,「私語」は出ない。

「私語禁止」「話を聞きなさい」は,原則的に当然で,静かに聞くような指導の工夫が必要。

自然発生的「相談活動」が見られる。「私語禁止」は,「思考・判断・表現」の学習活動を停滞させる。

隣同士で互いに確かめ合う「相談活動」を原則的に認める。

基礎内容の学びは展開Ⅰ,主体的な学びは展開Ⅱ

○展開Ⅰ：教科書や板書などを活用した教師の説明が主な学習活動となるが,教師が長い時間一方的に話すだけの授業は避けましょう。

○展開Ⅱ：教師は生徒に寄り添う目線で,生徒の主体的な学びを支援する活動に徹しましょう。展開Ⅰの時間の割合を少なくして,展開Ⅱの生徒の主体的な学びの割合を多くする授業展開を心がけましょう。

　主体的に設計や計画をする展開Ⅱでは,自然発生的な「対話的な学び」で互いに相談しながら設計や計画をうまく進められるようにします。

SUGO わざ×ステップ!! 自分で計画できる

ANSWER 2

設計や計画での相談活動の内容や程度によって，
「対話的な学び」の指導方法を使い分けましょう。

TRY 話し合い活動のワンパターンでなく，活動の内容により，
生徒同士の相談，資料調べやインターネット検索まで「対話的な学び」を
広げいくことにトライ！

■設計や計画する過程で困った問題が生じたときは，教科書や掲示資料などのアナログ情報からヒントを得たり，インターネットのデジタル情報などからヒントを得たりする「対話的な学び」に情報源を広げ，問題を解決する手段としましょう。

●隣同士による対話的な学び

■ある程度，個人の考えが出てくる段階になったら，グループ活動での「対話的な学び」に入り，知恵を出し合いましょう。

●インターネット検索での対話的な学び

■グループ活動による「対話的な学び」で，互いの知恵を出し合った後には，グループでの発散的な意見の中から必要な情報を取り入れて，自分自身の設計や計画をまとめましょう。

悩みの相談室

教科学習のグループ活動と特別活動のグループ活動との違いって何？

教科学習 ▶ 個で結論

グループ活動での発散的意見を参考にして，最終的には生徒一人ひとりが結論を出してまとめる。

特別活動 ▶ 集団で結論

グループ活動で発散的意見を出し，必要な情報を共有しながら，最終的に集団で意見を集約して結論を出す。
…企業ではこの方法をとることが多い。

ANSWER 3

話し合いから，最後は個で考える。
「個→集団（グループ活動）→個」の学習の流れで
「対話的な学び」にしましょう。

TRY 「個→集団→個」の学習の流れで，目的を持った話し合いができる
グループ活動にトライ！

教科の授業は，最終的には「個（生徒一人ひとり）」で結論を持てるようにします。学級活動などの集団での意思決定とは異なります。教科は，目的を明確にし，個→集団→個の流れにした話し合い活動にしましょう。

 個
準備段階の学習
（集団での話し合いに備える
個人の準備段階）

○習得内容の確認やわからない内容を調べる活動。

○学習課題やゴールなどの確認。

○話し合う目的の確認。

集団
広げる段階の活動，発散的な活動

○様々な考えを出し合う。

○他のヒントなど受け，参考にする。

○相互学習で互いに刺激を受ける。

○考え方の助け合いや補完をする。

○課題に応じた考えをさらに工夫する。

 個
深い学び 収束的な学び

○「集団」での発散的な意見を参考に，自分の考えをまとめて具体物をつくり，問題を解決する。

○「個」で考えたことを再構成したり，考え直したりして，個でまとめ上げる活動。

SUGOわざ×ステップ!! 自分で計画できる

事前の学習をする個人中心の学習活動ですが，相談活動も見られる。

手ぶり・身ぶりなどを交えた活発な意見交換が見られる。

真剣な話し合いの結果を生かし，個でまとめ上げる活動となる。

設計や計画での「対話的な学び」の対象を生徒同士から，資料などの情報に広げていきましょう。

「対話的な学び」の対象は，人だけではなく，資料などのあらゆる情報に広げることが可能です。対象を広げていくことにトライ！

設計や計画をする初期段階では，教科書，ワークシートなどの資料との対話を

対話は自然発生的に出てきます。自然発生的に隣同士で相談する活動とともに，意図的に「資料を見てみたら」などの支援方法も教師の引き出しにしていこう。

資料との対話

教科書との対話

設計見本との対話

調理計画で資料との対話

インターネットから収集した情報との対話を

インターネットからの情報を安易に信じる習慣から脱皮させて，収集した情報の価値や真意を，書籍などのアナログ情報と比較して判断する大切さも学ばせるようにしましょう。

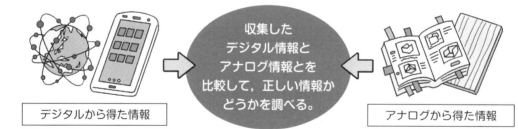

デジタルから得た情報　　収集したデジタル情報とアナログ情報とを比較して，正しい情報かどうかを調べる。　　アナログから得た情報

先輩作品との対話も大切にする

先輩作品は，身近に感じるだけでなく，使える工具や道具の制約がわかりやすい点でも有効です。対話の対象として大切にしましょう。

先輩作品のレポート集との対話

先輩の「こんなふうに使っています」のレポート例との対話

先輩の「疑似体験をして」のまとめ例との対話

グループ活動では話し合いの目的の確認を

家庭分野の題材による目的の設定例

技術分野の例も同じように考えてみましょう。

❶ 題材名　自分の家の災害対策【食事】

個	災害時の食生活を考えよう。 (調べ学習)災害が起きたときどうするか？
集団 (グループ)	災害時の食生活を実践しよう。 条件：ペットボトル2本(水道は使用不可) 　　　その後も考えて大切に使う 　　　カセットコンロ1つ 　　　食材は冷蔵庫で保管しなくてもよいもの 　　　献立を立てる→実践→ふり返り
個	自分の家の災害対策を考えよう。 (家庭でできること)

SUGO わざ×ステップ‼
自分で計画できる

❷ バランスのよい食事

個	お弁当の写真を見せて………気になること
集団 (グループ)	持ち寄って話し合い………もっとよくするためにアイディアを出し合う。
個	自分の食生活を考えよう。

❸ 班でハンバーグのつけ合わせを考えた調理実習

個	個人でハンバーグのつけ合わせを考えよう。
集団 (グループ)	栄養バランス・色合い・実習時間(手順)・値段等の観点でどんなつけ合わせがよいか班で考え，実習する。
個	自分の家でつくるときはどうするか考えよう。

生徒一人ひとりの把握と支援

QUESTION 8

自分で直すべき場面に気づき，自分で解決する生徒がいます。他の生徒もできるようにするにはどうすればいい？

教師の指導がなくても，生徒が自分で直すべき場面に気づき，「課題を解決」する授業環境になっているかチェック！

CHECK 1

つまずいている生徒か，
考えている生徒か，判断して
声かけしていますか？

どうしたの？

先生，失敗してしまいました。

考えているところだから，声をかけないでほしい。

ANSWER 1

CHECK 2

友だちのまねをすることは
ダメだと禁止していませんか？

そのアイディア，いいね。

人のまねをしないで，自分で考えなさい。

ANSWER 2

CHECK 3

「自分で考えて解決しなさい。」
と口先だけで指導して
いませんか？

自分で考えて解決しなさい。

どうやって解決するのかわかりません。

ANSWER 3

つまずいている生徒を把握して，つまずきの状況に応じた個別支援をしましょう。

一人ひとりの学習活動の状況を把握して，一人ひとりの状況に応じた支援ができるようにトライ！

個々の生徒の学習活動の状況を把握する

　黙って手の動きが止まっているときは，集中して考えている場合とつまずいている場合とがあります。個々の生徒の学習活動の状況をつかみながら，考える過程なのかつまずいているところなのかを判断し，次のような個別支援が必要になります。

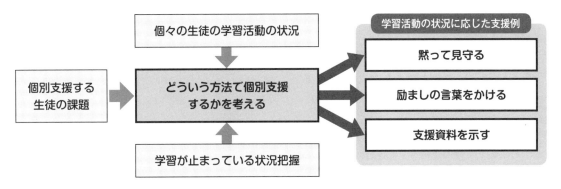

全体の学習活動の状況を把握する

　つまずいている生徒の支援を重視しすぎて，全体把握が疎かになっている授業を見かけます。個別支援しながらも，全体把握を疎かにしないように心がけましょう。

教室の前後位置で，一人ひとりの学習状況を把握し，必要に応じた個別支援を行う。教師の気配を消せれば最高。

個別支援をしながら，目と耳などの感覚を研ぎ澄まし，全体の学習状況を収集している。練習が必要である。

「ここはとても上手にできている。ここを直せばさらによくなる。」と褒めながら指導すると，生徒の意欲づけができる。

先生は，教卓に座って個別の指導をしています。でも，全体を見ながら，絶妙なタイミングで適切な言葉をかけてくれます。

欠席が続いたり，発達障害の影響で大幅に遅れたりした生徒がいる場合

　放課後に補習などの支援も必要となります。完成まで作品は学校で管理し，すべての作品が完成するまでの指導の責任については教師が負うことになります。

**自分の課題を解決するため，先輩の作品例や手本例を
まねさせるところから始めましょう。**

**まねを禁止するのではなく，まねを自分なりに取り入れるしかけを
工夫することにトライ！**

まねをすることは，問題解決の第一歩

　明治時代の日本は，西洋諸国の技術をまねから出発して，技術を磨きながら，世界に誇る独創的な技術を築いてきました。まだ，技術に未熟な生徒には，まねから自分なりに工夫できる指導の順序性が必要です。

まねを自分のものとして取り入れる

　考えもしないで，そっくりそのまままねをするのではなく，考え方をまねできたり，工夫できたりするヒントとなるしかけが必要です。また，このとき知的財産権などに触れることも忘れないようにしましょう。

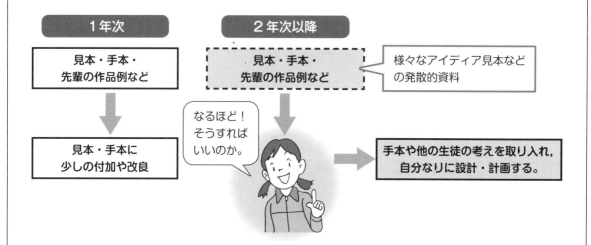

見本例を提示するときの順序を考えて

　初めは，まねをしてもよい見本・手本例などの基本型を数例示しましょう。その後は，卒業生のレポートなどを加えていくと生徒が考えやすくなります。また，完成品だけではなく，部分や部品を提示していく方法も作品を設計・計画する上で有効です。

見本例は，後出しで

　場合によっては，資料を後出しにすることにより，まねではなく自分が考えたものだと思えるようにしましょう。

ベテラン先生のアドバイス

見本を活用して，設計・計画の失敗を減らす方法
友だち同士で教え合い，作業の失敗を減らす方法

見本や相談コーナー，友だちとの教え合いを活用できる授業

　実物の見本や検査用の見本などを準備すると，生徒は自分で調べて解決するようになり，問題解決的な学習をすることができる上，設計・計画の失敗を減らすことができます。このとき，先生への相談コーナーや友だちとの教え合いも課題の解決に役立ちます。

○技術分野の例（見本と比べて設計を検査）

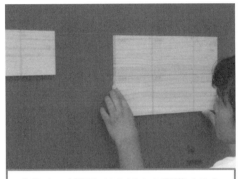

実物大の材料取りの見本を準備すると，生徒は自分の作業を確認できる。

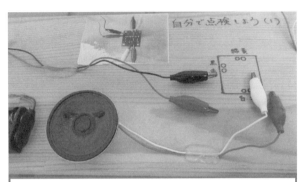

回路が正常に働くか調べる点検盤を準備すると，生徒は自分の回路を確認できる。

○家庭科分野の例（友だち同士で教え合う）

①教師が正しい順番で作業を見せる。
②生徒Aが実際に魚をさばく。
③生徒Bは，生徒Aからアドバイスを受けながら同じ作業を行う。
④先に作業した生徒が難しかったところや失敗しないための工夫をアドバイスしながら，グループで一番よい作品を1つ提出する。

　魚を使った調理のときに班員が協力しながら魚をさばいている生徒の写真とさばいた魚の写真。初めて魚をさばく生徒も多い中で，教え合い活動を通して，だんだんとうまくなっていく様子が見られます。

SUGOわざ×ジャンプ!!
自分で問題解決できる

ANSWER 3 口先だけの支援から脱皮し，気づきにくい失敗や解決すべき課題を生徒に「見える化」する工夫をしましょう。

TRY 修正すべき失敗などを，「比較」「ふり返り」「計画に沿った作業単位の確認」などの方法で生徒に「見える化」することへトライ！

「比較」で「見える化」しよう！

　自分の学習行動や作業中の作品や成果物を「客観化」対象と比較し，全体を見渡して，修正すべきことなどを「見える化」して浮かび上がらせる。

自分の学習行動（活動）成果物，経験の思い出し	両者の比較から見える化	客観化（メタ認知）するための見渡す対象（他との比較）
目標（設計・計画）	⟷	現実の作品（失敗，成功）
うまくいったこと・失敗したこと	⟷	両方から見つけたこと
自　分	⟷	友だち（班やペア）
使用した素材・材料	⟷	学習で使用以外の素材・材料
使用した道具など	⟷	学習で使用した以外の道具など
学習した技術	⟷	地域や社会及び産業の技術
現在の生活	⟷	過去や将来の生活
計画・設計	⟷	実践（完成作品）
自分が行った安全行動	⟷	守るべき安全

「見える化」すると見えてくる解決すべき課題

　上表左側の「自分の学習行動（活動）成果物・・・」だけでは，自分に都合のよい解釈から課題が見えにくいことが多く，右欄の「客観化（メタ認知）するため見渡す対象」と比較することで，自分だけでは気がつかない解決すべき課題が見えるようになってきます。

映像資料を使った資料の比較

　授業では，本物を持って来れば一番わかりやすいのですが，例えば，「住」の分野で実物の住居を持ってくることはできません。著作権に注意しながら，インターネットや図書資料を利用して，自作の資料をつくるとよいでしょう。

▲日本各地の住居紹介

生徒同士が自然と助け合うような授業環境

問題解決の授業を心がけて数年，教師が何も言わずとも，生徒同士が自然と助け合う姿が見られるようになりました。

柔らかでしっとりとした授業の雰囲気づくり

生徒自身が気づかないことを他の生徒が気づくことがあります。最初は，自分の作業に夢中で他の生徒の作業には目が向かなくても，柔らかでしっとりした授業の雰囲気をつくることを心がけた結果，生徒同士が助け合うようになりました。

教師の気持ちを切り替える

失敗を「だめだ」から，学習に生かすことが大事という指導姿勢に切り替えると，生徒同士が互いに助け合う雰囲気になりました。授業の雰囲気は，学級担任の姿勢も影響しますが，今後も，互いに気づき合う雰囲気をつくり出すようにしていきたいです。

自然と互いに助け合う姿

次の例は，自然に助け合う生徒の姿です。ある程度問題解決型の授業を経験すると，助け合いの授業ができるようになります。ポイントを掴むことで，柔らかでしっとりとした授業づくりができるようになります。

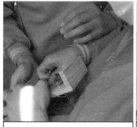

「こうすれば，大丈夫だよ」と自然に助言。

「ここは，この順番がいいと思うよ」と自然に助言。

「押さえるから，大丈夫だよ」と自然に手助け。

当たり前のように，自然と手をさし出し，押さえて手助け。

SUGO わざ×ジャンプ!!
自分で問題解決できる

助け合いの種類

○わからないことを教え合う。

○一人でできない作業を手伝い合う。

○準備や片づけなどで互いに分担して作業する。

○設計や計画の学習場面で，互いに知恵を出し合う。

作品への愛着

つくった作品をうれしそうに持って帰る, 考えた献立を家で楽しくつくる, そんな授業はどうしたらできる?

CHECK ✓ 完成した作品や献立, レポートなどが学習成果物として愛着を持って役立つようになっているかチェック!

CHECK 1
生徒のつくった作品が学校に残されていませんか?

「こんな作品, 家で使えない。」

ANSWER 1

CHECK 2
キット教材でつくっても, 愛着を持たせる工夫をしていますか?

「私の作品だ! 家で使おう。」

ANSWER 2

CHECK 3
生徒の考えを生かし, 愛着を持たせる設計・計画の授業をしていますか?

「お母さんの買い物バッグ, どんな形がいいかな。」

ANSWER 3

CHECK 4
先生自身が, 技術・家庭科に愛着を持って授業を行っていますか?

「みんな楽しい技術・家庭科の授業が始まるよ。」

ANSWER 4

ANSWER 1

「作品に愛着」を感じて，家に持ち帰る気持ちにさせる工夫をしましょう。

TRY 全員同じ作品や実習でも，作品へのしかけや魔法の言葉がけで愛着を持たせる授業にトライ！

技術分野の例　「発電機つきラジオ」の作品での実践例

キット教材のケースの色を選ばせる。	ケースの色を選ぶ部品の注文票を出し，注文票通りの部品が届く演出をする。
生徒が工夫っぽくできる余地を加える。	説明書にないホットメルトなどの工具を紹介し，それを使うように導くことで自分の作品としての意識を高める。
技術の面白さを実感させる。	各部品が複雑に組み合わさって，ラジオができる技術の面白さを授業で語れる展開を工夫する。
きれいなはんだづけをさせる。	きれいなはんだづけをするコツや技術的な意味を考え，技術が持つ魅力を感じさせる。

家庭分野の例　「布を使った作品づくり」での実践例

　ファストファッションが流行っていたり，ミシンが家に無く，裁縫に触れる機会が少なくなっていたり，「布を使った作品づくり」に苦手意識を持つ生徒が多くなっています。また，自分がつくったものに愛着を持つ生徒は多いのですが，既製品に比べて教材キットを使ったものを普段使う生徒は少ないのが現状です。

　愛着を持たせるために日常で使いやすいものを選ぶことは大切です。また，「布を使った作品づくり」の技能が将来に役立つことを伝えることも必要です。

環境を意識した製作物では，祖父母などプレゼントとしても考えている。

同じキットを使っても，デザインやハギレ，手芸小物を利用して個性を出す。

保育園ふれ合い体験に手づくりのおもちゃをつくる。写真は靴下を利用した魚釣りゲーム。

SUGO わざ×ジャンプ!! 自分で問題解決できる

作品に愛着を持つことができるように，キット教材の選び方を工夫して，題材を決めましょう。

 キット教材選びを学校や教師の都合優先から，生徒が家で使えることを重視した生徒優先の選択にトライ！

「題材」を愛着のある「作品（実習）」に

　教師にとって，学習のねらいを達成する指導内容のくくりが「題材」で，教師の指導から生徒が苦労して仕上げた学びの成果が「作品（実習）」です。

　では，教師側の「題材」計画を生徒の学習の思いがこもる「作品（実習）」にするにはどうしたらよいのでしょうか。

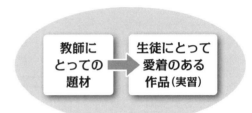

　題材内で，製作・制作・育成をさせる「作品（実習）」には，予算，施設・設備，地域や生徒の実態などを考慮する必要があります。また，「作品（実習）」は，生徒の興味・関心，家庭や社会とのつながり，家庭での利用などを考慮する必要があります。

　愛着のある「作品（実習）」にするには，教師側の「題材」計画を生徒の「作品（実習）」とすることが望ましく，両者の折り合いをつける必要が出てきます。このとき，「作品（実習）」が家庭で使える，学ぶ充実感があることなどを優先させる折り合いのつけ方が大切となります。

家庭で使うことができないときは？

　家庭で直接使えない「作品（実習）」もあります。その場合は，学習の目的を明確にして，学習の必然性を感じるように選択の機会などを工夫するようにしましょう。

生徒の希望を生かす

　学習のねらいに沿っている，予算内である，学校で作業や実習ができるなどの条件をクリアした，いくつかの「作品（実習）」を掲示して，生徒に選ばせる方法もあります。

避けたい教師中心の「題材」計画

　これは面白そうだから今年はこれにしよう，毎年同じ「作品（実習）」だから今年は変えようなど，教師の個人的感覚で「作品（実習）」を選び，題材計画を立てるのは避けましょう。

ANSWER 3

考えることが苦手な生徒を支援する設計・計画の資料を準備して，「作品に愛着」を持たせましょう。

TRY 設計・計画の基本型や作品見本（手本）を準備し，さりげなく提示し，自分が設計・計画したように思わせる授業方法にトライ！

　設計・計画の基本型や作品見本（手本）を数多く準備するのが難しい場合は，次のような計画を立てて，「作品に愛着」を持たせることにチャレンジしていきましょう。

ステップ1

キット教材で工具や道具などの選択の余地を組み込む。

　全員同じ作品でも，くぎを木ねじにしたり，縫い方を変えたりするだけで，作品に愛着を感じるようになります。

　そのためには，一斉指導でなく，加工法などを生徒が個々に考えるための作品見本や製作見本などが必要になってきます。

ステップ2

同じ作品でも作業や実習の進行を生徒に考えさせる。

　全員一斉の手順でなく，生徒の学習進度に沿って作業を進めるようにします。そのためには，進度や手順ごとの製作見本やワークシートの準備が必要です。

　ステップ1から2の階段は，少し高くなりますが，見本や資料の準備をしておけば生徒同士が助け合うようになります。

ステップ3

生徒自身が設計や計画をした作品づくりや実習を行う。

　生徒自身で設計・計画した作品づくりや実習を行うことで，自分の作品や実習の計画により強い愛着を感じることになります。

　ポイントは，「これをつくりなさい。」という教師の押しつけをやめることです。

ステップ1

ステップ2

加工見本

ステップ3

SUGO わざ×ジャンプ!!　自分で問題解決できる

 生徒目線の感覚や問題解決型の授業の指導法を身につけ，熱意を伝えられる授業になるよう研鑽を積みましょう。

 何年かけて一人ひとりが違うものを設計や計画する問題解決型の指導にトライ！

何年かかけて生徒目線の感覚を身につけよう！

　問題解決型の授業のポイントである生徒目線の指導法をすぐに身につけることは，すぐにはできませんので，次のポイントを何年かかけて，少しずつ身につけていきましょう。

指導法を身につける前	指導法を身につけた後
✕ すぐに答えを言う。	◯ 間をおく，ヒントを示す，話す時間を短くする。
✕ 口頭だけで指導する。	◯ 見本，ワークシートなどの教材を豊富にする。
✕ すべてていねいに説明する。	◯ すべて説明せずに考えるポイントだけを示す。
✕ 教師目線で生徒を見る。	◯ 生徒目線でなぜそうしたかを考えてみる。
✕ 想像で指示する。	◯ 根拠ある具体的な指示を出す。

　これらは，難しく，時間がかかるものもありますが，意識して努力すれば，生徒と向き合う気持ちが楽しくなり，問題解決型の授業の指導法が身につくようになります。

　教師が指示型から支援型へステップアップをすれば，生徒のやる気が一気に上がり，作品や実習の完成度も高くなり，トラブルでの教師への質問が少なくなります。

何年かの努力がある年に突然花開く

　問題解決型の授業ができるようになった先生を見ていると，ある年に突然，指導ができるようになることが多いようです。少しずつ指導力が内部で上がっていき，一気に花開くのでしょうか。

　自分だけで努力すると，5年程度かかることが普通ですが，研究会で勉強する，問題解決型の授業を見学するなどを行うことで，期間を短くすることができます。

ベテラン先生の
アドバイス

教師が教科に愛着を感じるとき

題材を教師自身で試作してみよう！

　私は，キット教材を使って授業を行っていました。キット教材に添付されている作業の説明書通りに指導すれば，作品は完成します。しかし，準備室から持ち帰らない作品が山のようになりました。

　あるとき，先輩に「自分で試作することが必須だ。試作すると，生徒がどこで困るかがわかるので，その対応方法を示す手順や製作見本を準備できる。すると，生徒が自分の力で解決する

できた。

ようになる。また，どこで工夫できるかといったポイントをつかむこともできる。生徒は教科の面白さを感じるようになる。」と言われました。時間がもったいないとは思いましたが，先輩の助言を生かして自分で試作をして授業を行ったら，生徒の姿が一変しました。

生活の課題と実践で愛着を感じさせよう！

　課題と実践の授業では，生徒が学んだ知識や技術を使い，「できた」「よかった」と言ってくれたときに私も生徒と一緒に喜びます。授業では，生徒が進学，就職の機に一人暮らしを始めるときに衣食住の場面で不便を感じることのないよう，解決できる力を身に付けさせたいと考えています。また，学んだ知識や技能が自分の家族をつくるときに，次の世代に受け継がれ，周りを幸せにできると信じています。

　衣生活の学習のときは，ミシンのほかに手縫いも大切にします。1年生のガイダンスで行うアンケートでは，裁縫を苦手とする生徒が多くいます。導入で最初に話すことは，中学生のときに買ってもらったジーンズのことです。ところどころ破れたところを自分で継ぎはぎをして，20年以上履いているものを見せて，ものを大切にする想いを伝えるところから始めます。

　夏休みの課題として，色や縫い方にこだわった手縫いの雑巾をつくらせ，2学期に使用して，その雑巾がボロボロになるまで使い切ることで，ものへの愛着と大切さを感じてもらえるようにしています。

▲左は20年間履き続けたジーンズ　右は新品

SUGO わざ×ジャンプ!!　自分で問題解決できる

問題発見

QUESTION 10
生徒が解決したい問題を見つけてきました。他の生徒にも問題を見つけさせるにはどうすればいい？

CHECK ✓ 生徒自身で「問題発見」ができるようになる指導をしているかをチェック！

CHECK 1 ☐
問題発見をさせる余裕がなく，教師からの一方的な指示をしていませんか？

本立てだったら，みんな役立つね。

本立ては，家では必要ないけど…。

ANSWER 1

CHECK 2 ☐
作品や実習に結びつくように，問題発見のしかたを示していますか？

家族が必要とするものをつくって喜んでもらいたいな。

ANSWER 2

CHECK 3 ☐
生徒が問題発見したことを，設計や計画の学習にうまく結びつけていますか？

スマホスタンドが欲しいな。でも，どう設計すればいいの？

ANSWER 3

CHECK 4 ☐
問題発見の学習の結果を，生活や社会に目を向ける学習に生かしていますか？

問題発見の学習方法を，もっと生活に役立つものにしたい！

弟には

ANSWER 4

ANSWER 1

「問題発見」の学習活動を大切にして，学習課題を生徒自身のものにしましょう。

TRY あらかじめ生徒が関心を持ちそうな教材を準備して，生徒一人ひとりの問題発見を上手に導くことにトライ！

問題発見とは

問題とは，今の生活と，こうしたいと感じ期待する生活との差のことです。その差を見つけることが問題発見ととらえることができます。

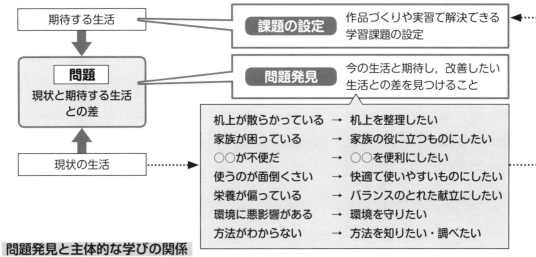

| 期待する生活 | → | **課題の設定** | 作品づくりや実習で解決できる学習課題の設定 |

| **問題** 現状と期待する生活との差 | | **問題発見** | 今の生活と期待し，改善したい生活との差を見つけること |

| 現状の生活 | |

- 机上が散らかっている → 机上を整理したい
- 家族が困っている → 家族の役に立つものにしたい
- ○○が不便だ → ○○を便利にしたい
- 使うのが面倒くさい → 快適で使いやすいものにしたい
- 栄養が偏っている → バランスのとれた献立にしたい
- 環境に悪影響がある → 環境を守りたい
- 方法がわからない → 方法を知りたい・調べたい

問題発見と主体的な学びの関係

学習課題を一方的に指示されたときと違い，問題発見は，学習課題へ必然性を感じさせる働きかけとして機能し，生徒が主体的に学ぶようになります。

学習課題を一方的に指示

今年は，これが課題です。

問題発見では

家にあるなあ。違うものをつくりたい。

生徒が学習課題を自分のものとしてとらえる

問題発見後の設計・計画では，動作を交えながら考える姿が見られる。

生徒から自然に出た言葉から

- 部活動で汚れた靴下は捨てるしかないの？
- 汚れたTシャツをきれいにしたいな。
- 好きな衣服についた染みを取りたいな。

生徒たちから出る言葉で学習課題を設定してみると，生徒が課題を身近にとらえることができ，問題を発見する力を育てることにつながります。

参考資料：高橋　誠著「問題解決手法の知識」日本経済新聞社，2002. 7, 7 刷り

SUGOわざ×ジャンプ!!
自分で問題解決できる

ANSWER 2

「問題発見」のしかたを上手に示し，作品づくりや実習に結びつけましょう。

TRY 問題発見するための例を示し，生徒の主体的な作品づくりや実習に結びつけることにトライ！

問題発見から入るように位置づける

全員同じ作品であっても，問題発見から入れば，学習の必然性を感じ，設計や計画から作業や実習を主体的に進めることができ，指示通りに行うだけの学習から抜け出し，問題解決型の授業にすることができます。

問題発見のための例

○技術分野

> 画面から，何があると整理できるか調べてみる。

問題発見から設計する作品につなげる。

○家庭分野

> 自分の１週間の食生活をふり返り，調べてみる。

Aさん：栄養バランスが悪い，どうしたらよいか？
Bさん：サッカー選手になりたい！必要な栄養素は何か？
Cさん：行事食について知らないなあ。
Dさん：いつも一人で食べているなあ。

問題発見から自分の食生活を改善する献立作成につなげる。

> 自分で作品や実習の計画を決めることで学習の必然性を感じ，主体的な学びへ導く。

家庭分野での問題発見のための指導例

> 家の中でどこが危険か探して，何が問題か考えてみよう。

ワークシートから

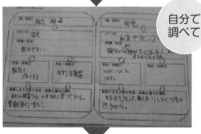
自分で調べて

映像を見て

> 問題意識を持って，安全・安心・快適な住生活につながる自分の課題を決めることで，学習する必然性を感じるようになる。

生徒の「問題発見」をスモールステップで，設計や計画の学習に結びつけましょう。

 問題発見からいきなり設計や計画の学習でなく，スモールステップの指導方法にトライ！

問題発見からスモールステップで設計や計画をまとめる

技術分野A～Dや家庭分野A～Cでステップは違いますが，次のように設計や計画をスモールステップでまとめていくことを心がけてみましょう。

① 問題発見	→	問題発見から学習課題（題材，作品や実習例）を決める。
② 目的や条件の明確化（学習課題の設定）	→	作品や実習例の目的や条件を決め，学習課題を明確にする。作品や実習例に選択の幅が許される場合は，目的や条件を考えてから作品や実習例を決めていく方法もある。
③ 構想の具体化（計画する）	→	授業で使える工具や道具，使える材料の大きさや種類，授業時間，生徒の技能などの制約条件を考慮して，構想を具体化する。構想では，簡単なラフスケッチやアイディアスケッチをかいてみる。
④ 設計図や計画表の作成と確認・評価	→	必要な設計図や計画表などをかく。設計や計画を確認して評価する。

目的や条件を満たしているかを確認させましょう。

設計・計画の修正や変更について

学習の目標として，設計・計画した通りの具体物を生み出す作業や実習とすることもありますが，予期しない事態が発生して思うように作業や実習が進まなくなり，やむを得ない設計や計画の変更が出たときには，教師はそれを認めることも大切です。ただし，初めに設定した目的を逸脱しないなど一定の条件内で変更させることが必要です。状況に応じて設計や計画を変更していくことも問題解決の大切な要素です。

設計や計画した通りにしなさい。（場合によってはオーケー）

変更してもいいよ。でも，目的通りになるかを確認してね。

設計や計画の修正や変更を認めるかは，学年や設計方針，学習内容によって決めましょう。

SUGO わざ×ジャンプ!! 自分で問題解決できる

ANSWER 4

問題発見の学習成果を生かし，家庭や地域，近隣の工場や研究所などの見学などで「問題発見」の幅を広げましょう。

TRY 授業による学習だけでなく，学習の場を地域や社会に広げ，問題を発見する力を養うことにトライ！

学習の場を広げる意義

　技術・家庭科は，教科目標の(3)にあるように，学習成果を生活に生かし，社会にまで学習範囲を広げて始めて教科の存在価値があります。また，このように広げた学習は，技術分野では，学習指導要領の(1)のイ，家庭分野では，各項目のイの学習に相当しています。

技術分野の事例

トラックの荷台

　「今までの電力量計では，検針する人が毎月来て電力量を記録していましたが，スマート式電力量計に取り替えたら，検針する人が来ません。どうやって電力量を測っているのか？」，「トラックの荷台は，なぜ凹凸になっているのか？」，「トマトの根が鉢の土から出ているけれど育つのか？」，「モノレールのレールの継ぎ目はギザギザになっているけれど，どうしてか？」，「アンテナがあるけれど，何に使うのか？」など生活にある「技術の不思議」を発見し，問題発見した技術的な理由やしくみをレポートさせる学習があります。

土から出たトマトの根

モノレールのレールのギザギザな継ぎ目

携帯電話のアンテナ

家庭分野の事例

日本各地のお雑煮調べ

　課題と実践の学習課題の設定を，いきなり生徒が自分自身で決めるには難しさがあります。

　例えば，「雑煮から食文化の大切さを知ろう」という題材を取り上げたとき，「日本各地のお雑煮調べ」をした後に，「自分の地域の食文化」などについて問題を発見して，そこから学習課題を設定していくスモールステップの方法などがあります。

悩みの相談室　問題解決的な授業における学習評価のしかたは？

　問題解決的な授業では，どのような点に留意すると，学習評価を適切に行うことができるでしょうか。そこで，このコラムでは，そのヒントについていくつか述べていきます。

1　令和3年度全面実施の観点別学習状況の評価の基本

　評価の基本は変わりませんが，令和3年度全面実施の観点別学習状況の評価では，用語や枠組みなどにいくつかの変化があります。

知識・技能

習得した指導内容と同じことを解答として再生できるかを測る。
●各項目指導事項アが該当

用語やその意味の穴埋めテスト
獲得した概念の説明
実技テスト，作品の状態　など

いくつできたかで判定の基準を設定するなど，量ての評価が基本

思考・判断・表現

学習課題に対する回答から，記憶した知識などを活用し，考えをまとめているかを測る。
●各項目指導事項イが該当

問題発見が課題設定などに結びついたか，設計・計画と作品や実習成果などの比較,ふり返り(Q11・12参照)，定期考査，観察など

どのようなことが考えられるようになったのかなど，質ての評価が基本

主体的に学習に取り組む態度

粘り強く，自己の学びを調整することで育成された各教科への思いや態度を測る。
●学習指導要領解説に記載

授業の観察や，題材学習の前と後で，見方・考え方などのキーワードに対する思いを記述したレポートの比較　など

技術や生活ての営みへの見方・考え方の気づきや思いなど,質や情意ての評価が基本

※主体的に学ぶ態度の学習評価では，例えば倫理観等の人間性に関わる部分は，A・B・Cなどのによる記号による評価を行いません。

2　問題解決的な学習での評価の視点

　令和3年度全面実施の学習指導要領では，技術・家庭科で育成すべき資質・能力に，問題解決能力が示されています。技術分野では，思考・判断・表現の目標は，「生活や社会の中から技術に関わる問題を見いだして課題を設定し，解決策を構想し，製作図等に表現し，試作等を通じて具体化し，実践を評価・改善するなど，課題を解決する力を養う。」とあり，問題解決の過程をそのまま示しているのです。これは家庭分野においても同じです。

SUGOわざ×ジャンプ!! 自分で問題解決できる

ねらいにつながるふり返り

QUESTION 11

技術・家庭科のねらいにつながる「ふり返り」を書く生徒がいます。そんな生徒を増やすにはどうすればいい？

CHECK ✓ 授業のまとめの「ふり返り」を大切にしているかをチェック！

CHECK 1

「ふり返り」を
「できた・できない」だけの
チェックにしていませんか？

全部○に
しました。

今日の学習をふり返ってみよう。 ○ ×
ア □□の準備がうまくできた。 （ ）
イ △△の作業がうまくできた。 （ ）
ウ 時間内に完成することできた。（ ）
エ 思った通りの成果があった。 （ ）
オ 班で協力して作業ができた。 （ ）

自分に甘い
評価だな。

ANSWER 1

CHECK 2

作業などの時間が長引いても，
「ふり返り」の時間は確保して
いますか？

作業が遅れてい
るわ。ふり返り
をやめて作業の
時間を延ばそう。

ANSWER 2

CHECK 3

授業ごとの
「ふり返り」の項目を
きちんと決めていますか？

前回の授業の
ふり返りと同
じ内容だね。

同じことを
書けばいい
のかな。

ANSWER 3

ANSWER 1

「ふり返り」は「できた・できない」とは区別し，学習目的を持った内容にしましょう。

TRY　「できた・できない」と区別し，「思考・判断・表現」と「主体的に学習に取り組む態度」を育てる「ふり返り」にトライ！

　「覚えたかどうかチェック」「作品のできばえチェック」などの，「できた・できない」のチェックと，「ふり返り」とを区別して扱いましょう。その両者の違いは次の通りです。

①「知識・技能」のできた・できない → 「知識」を覚えたか，「技能」を発揮してできたかを確認

　「覚えたかどうかチェック」や「作品のできばえチェック」は，「知識・技能」を習得したかどうかが目的です。

| 確認 | 授業単位の確認の時間
「できた・できない」「覚えた・覚えない」 | 生徒が自己評価て確認後，
教師が点検表で確認 |

②「思考・判断・表現」の「ふり返り」 → 「思考力・判断力・表現力」を育てる機能がある

　「ふり返り」には，「思考力・判断力・表現力」を育てる3つの機能があります。

> **機能①**：試行錯誤した「思考・判断・表現」の学習活動を確認する。
> **機能②**：機能①の学習活動から何を学んだかを整理し，「思考力・判断力・表現力」を定着する。
> **機能③**：学んだ力を他にどう活用していくのかを考え，「思考力・判断力・表現力」を一般化する。

| 機能①
試行錯誤の
学習活動 | → ふり返り → | 機能②
機能①から何を
学んだかを整理 | → | 機能③（一般化）
機能②の学びを生活で活用できるようする，産業や社会へ目を向ける，次の学習へ見通しを持つ。 |

③題材活動の「ふり返り」 → 「関心」を「主体的に学習に取り組む態度」に育てる機能がある

　「主体的に学習に取り組む態度」は，題材内の「知識・技能」の習得と「思考・判断・表現」の学習活動全体で育ち，「ふり返り」で学習評価ができます。

　学習の初めの段階で芽ばえた関心を終わりに学習全体からふり返り，「主体的に学習に取り組む態度」として評価します。

学習内容への関心の芽ばえ → 「知識・技能」習得の学習活動 → 「思考・判断・表現」の学習活動 → （ふり返り）→ 主体的に学習に取り組む態度

「知識・技能」の習得と「思考・判断・表現」の学習活動から刺激を受け，関心が少しずつ態度化していく。

SUGO わざ×パーフェクト　ふり返ることができる生徒

ANSWER 2

授業では必ず「ふり返り」をさせる５分のまとめの時間を確保することを心がけましょう。

TRY 授業の区切りごとの「ふり返り」を計画することで，「学力の三つの柱」を適切に育てることにトライ！

「まとめ」の時間よりも作業や実習に時間を使い，結果的に「ふり返り」を含めたまとめの時間を少しも確保していなかった，ということはありませんか。

「学力の三つの柱」は，適切な確認やまとめを行うことで育成され，それらを含む「ふり返り」の学習活動を行うことで生徒の能力を伸ばすことができます。そこで，①授業ごと，②ひとまとまりの学習活動ごと，③題材の終末，という区切りごとに，「ふり返り」の時間を確保した指導を実践しましょう。

授業単位でのふり返り → 「知識・技能」の「確認」

授業ごとに習得状況を「確認」します。**授業ごとに最低５分は確保します。**

それに加え，題材学習のまとめなどで，「思考・判断・表現」活動に必要な「知識・技能」について理解できたかを「確認」します。

題材ごとのふり返り

→ 「思考・判断・表現」を育成する「ふり返り」

「設計や計画」と，「作業や実習が終わり，作品が完成した」時点などで「ふり返り」をします。

「ふり返り」の時間を設ける場合は，**２０分以上の時間を確保したい**ところです。

題材の終末のふり返り

→ 「主体的に学習に取り組む態度」を育成する「ふり返り」

関心が膨らみ態度化したかを題材学習初発の感想と授業ごとの感想，題材学習終末における「ふり返り」の感想で行います。

題材初発は，**１０分～１５分，**題材終末では，**２０分から３０分を確保**したいところです。

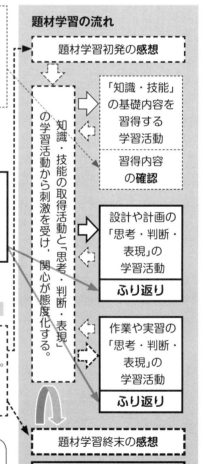

題材学習の流れ

題材学習初発の**感想**

「知識・技能」の基礎内容を習得する学習活動

習得内容の確認

知識・技能の取得活動と「思考・判断・表現」の学習活動から刺激を受け，関心が態度化する。

設計や計画の「思考・判断・表現」の学習活動

ふり返り

作業や実習の「思考・判断・表現」の学習活動

ふり返り

題材学習終末の感想

題材学習のまとめ

「ふり返り」の時間を確保する工夫をしましょう。例えば，片づけに５分かかるのであれば，１０分前には作業を終了し，ふり返りの時間を取りましょう。

授業に合わせて使うワークシートでは，「ふり返り」を加えた学力の向上をねらったものにしましょう。

授業ごとのまとめの時間では，評価の3観点を意識した「足跡シート」で学習活動を記録・ふり返りさせることにトライ！

　授業ごとのまとめの項目をなんとなく決めていませんか。ここでは P.64 の Ans 2 &Try で示した「確認」「ふり返り」「感想」の機能を踏まえた，授業単位のまとめの項目を紹介します。本書ではこれを「足跡シート」と呼びます。

足跡シートをつくろう

　「ふり返り」は，何時間かの学習活動をした後で行うため，そのときには，自分が活動で気づいた大切なことを忘れてしまっている恐れがあります。「足跡シート」には，その授業ごとに気づいた大切なことを忘れないようにメモする役割があります。

「主体的な学習に取り組む態度」の授業ごとの感想欄です。

足跡シートの例

月日	本日の学習内容	今日の一言感想	「●●」について感じた・気づいたこと	先生のチェック
	例：木材を切断する。			

学習内容について，ふり返らせます。「今日の学習で知ったこと，できたこと，考えたこと」のように，評価の3観点で整理して「ふり返り」をさせる方法も考えられます。

「●●」の中には，題材を通したキーワード(材料,エネルギー,生物,衣服,住まい,消費,など)を書き入れます。

足跡シートを使って「ふり返り」を行おう

　「ふり返り」の学習の際には，足跡シートを参照しながら記載するようにしましょう。また，このときには，教科書やワークシート，資料集，製作・制作・実習した実物やその写真などを手元に置きながらふり返らせると効果的です。

作品づくりでうまくいったことや失敗したことを思い出すね。

SUGO わざ×パーフェクト
ふり返ることができる生徒

「思考力・判断力・表現力」を評価できるワークシートの例

P.63 Ans 1＆Try の②で示した「ふり返り」の機能①：試行錯誤した「思考・判断・表現」学習活動を確認，**機能②**：機能①から何を学んだかを整理して定着，**機能③**：学んだ力をどう活用していくかを考えて一般化，の誌面イメージを次に示します。

機能①：試行錯誤した「思考・判断・表現」の学習活動を確認

☆作業や実習（設計や計画）の活動を思い出してみよう。

＜試行錯誤した「思考・判断・表現」活動を思い出す＞

作業や実習（設計や計画）で，うまくいったこと（満足したこと）		作業や実習（設計や計画）で，うまくいかなかったこと（苦労したこと）

●単に思い出させるのでなく，「比較」することで，次の「機能②」へつながる学びが見えてきます。

　　　は，機能②へつながるように誌面を工夫するとよいでしょう。

機能②：機能①から何を学んだかを整理し，「思考力・判断力・表現力」の定着

☆○○（学習テーマなど）の製作・制作・実習で大切だと考えることは何だろう。

（材料加工での記入例）材料のむだを出さないことだと思います。

その理由は
むだな材料を出すことは，地球の大切な資源を浪費することになるからです。

●「その理由は」などで理由を書かせます。
●機能①で見えてきた学びが記載できるような問いかけを工夫します。その工夫例が「比較」を示す　　　などです。

機能③：学んだ力をどう活用していくかを考えて一般化

☆例1　「○○」で学んだことの生かし方を考えよう。

「○○」で学んだことは
（食生活での記入例）健康のためには，バランスのよい献立を考えることが必要です。

私は
栄養素や摂取量のめやすから家族の健康を考えた献立の作成
に生かしていきたい。

その理由は
食生活は，家族の健康な毎日の生活に大切だからです。

☆例2　次の学習で大切にしたいことをまとめてみよう。

学んだことをどう生活で生かしていこうと考えますか。

これからの生活で，○に関する□に求められることを考えてみよう。

中学1年の自分がすべきことは
その理由は
だからです。

技術分野「社会の発展と技術」の機能①の例

☆製作で使った技術のプラス面とマイナス面を整理してみよう。

	プラス面	マイナス面
例：○○の技術		

機能②の例：○○の技術を上手に使うために大切なことは何ですか。

機能③の例：学んだ○○の技術を社会や生活で生かすために，あなたはどうしていきたいですか。

グループで調理実習をしたときの学習評価の工夫

例1　3つの機能を持たせたワークシート

1　班の実習でうまくいったこと，うまくいかなかったことをまとめよう。＜機能①＞

うまくいったこと	うまくいかなかったこと

2　実習を通して，自分が調理実習で大切だと思うことを考えてまとめよう。＜機能②＞

3　学習成果を生かし，家庭で調理をするときに大切にすることを考えてまとめよう。＜機能③＞

調理て大切にするものは何だろう。
その理由は
だからてす。

例2　生徒の記載例

> **機能①**　○自分は包丁をうまく使って，食材を計画通りに切ることができた。
> △計画した時間内に盛りつけまでいかなかった。
> △味つけが人により異なり，班でまとめるのに困った。

> **機能②**　□□の調理計画を立てるときは，栄養のバランスだけでなく，家族の好み，冷蔵庫にある食材を考えれば最高だ。

> **機能③**　調理計画は，栄養のバランスだけでなく，家族の好みや調理の時間などを考えて立て，家のキッチンでできることが大切だと考えています。

QUESTION
12

問題解決をふり返りで評価

ふり返りをたくさん書いた生徒が いるのですが，何かずれています。 どう説明して直したらいい？

CHECK ✓ 「ふり返り」に書かれたことを読み取って評価するとき，次のような ことに心当たりがあるかチェック！

CHECK 1 ☐

「思考・判断・表現」の評価を記載内容の 「量」で決めていませんか？

> こんなにたくさん書 いている，すごいぞ， Aにしよう。

ANSWER 1

CHECK 2 ☐

「思考・判断・表現」の評価を「ふり返り」に 書かれた内容の「質」で評価していますか。

> 作品づくりの感想だけで 評価していいのかしら…。

ANSWER 2

CHECK 3 ☐

「思考・判断・表現」の評価も，判定基準を 決めて評価していますか？

> 授業中，私語ばか りしているからC にしよう。

> 作品のできがよいか ら，「思考・判断・ 表現」をAにしよう。

ANSWER 3

CHECK 4 ☐

評価で，A・B・Cをなぜつけたのか説 明する自信はありますか？

> 技術はAが多い ですが，理由は ありますか。

> 一生懸命やった生 徒が多かったので， Aをつけました。

ANSWER 4

68

「思考・判断・表現」の評価は，書かれた量ではなく，「どのように考えついたか」で行いましょう。

 「思考・判断・表現」の評価を「見える化」する工夫にトライ！

　成果物が立派でも，「思考力・判断力・表現力」が養われたとは，限りません。その評価は成果物を判定するのではなく，「成果を出すのにどのように考えていたか」で判定します。なぜなら，「思考力・判断力・表現力」の学力は，成果を生む過程における，頭脳の働きそのものを指しているからです。

　しかし，生徒の頭脳がどのように働いているかは見えづらいため，評価のためには育った学力を「見える化」しなければなりません。

「見える化」のために「思考・判断・表現」の学習活動の要因を確認

　「思考・判断・表現」を次の図のように捉え，「見える化」します。

```
            要因③「思考・判断・表現」に必要
                 な「知識・技能」
                      ↓活用↓
要因① 学習課題 ⇒ 「思考力・判断力・表現力」 ⇒ 要因② 学習活動で解決した
                 を育てる学習活動            作品などの成果物
                      ↑条件↑
            要因④ 使用する材料や工具などの
                 制約条件など
```

　評価のときは，成果物（要因②）を設計や計画と比較し，その通りになっているかなどの差を確認します。

　そのとき，次の3つがどのくらい達成されているかで，生徒が「思考・判断・表現」を発揮した，と見なすのです。

〔1〕　学習課題（要因①）を解決（要因②）しているか。
〔2〕　これまで学習した解決に必要な「知識・技能」（要因③）を活用しているか。
〔3〕　制約条件（要因④）を踏まえているか。

　例えば，生活に必要なものを製作しようという課題（要因①）に対して，製作されたもの（要因②）が適切に「思考・判断・表現」を働かせたものかどうかは，学習した設計・製作の知識を活用しているか（要因③），材料や製作時間などの制約条件の下で製作（要因④）できたか，を見るということです。

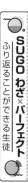

ANSWER
2

「思考・判断・表現」の評価は,「ふり返り」の記載内容の「質」で読み取りましょう。

TRY

「思考・判断・表現」の評価は,「ふり返り」の記載内容から, 学び取った「質」で読み取ることにトライ!

　生徒の記載内容を評価しようとするときは, どうしても, どのくらい書いてあるかという「量の多さ」で A・B・C を判定しがちではないでしょうか。しかし,「思考力・判断力・表現力」が育ったかどうかは, 記載内容の「量」だけではなく, その「質」で判断しなければなりません。そこで, P.69 の Ans1&Try で示した,「思考・判断・表現」の学習活動の要因をもとに「質」を読み取ってみましょう。

例1　調理実習での「ふり返り」

　班で調理を分担して実習しました。その分担を決めるのに時間がかかってしまいました。それは, 互いに譲り合わず, 自分のしたいことを主張したからです。私は, 食材を包丁で切ることをしました。食材を切るのは, 小学校で経験していましたが, 食材によって, 包丁を当てる角度に気をつけるようにしました。学校の包丁は切れ味が悪かったので, 苦労しました。

記載量は多いのですが, 自分の行った活動の感想が中心で, 特に要因③に当たる「調理計画に沿ってどう手順よく作業を進めたか」「食材の性質や調理の目的に沿ってどう処理を工夫したか」などの食生活で学習した知識の記載がなく, どのように考えたのかが判定できない。

例2　計測・制御システムでの「ふり返り」

　安全性の高さを確認していきたいと思いました。自動化の技術には, センサが反応しない, 環境の違いに対応できない, 予想外の動きに対応できないなどの課題があると思いました。機械には, 心がないという怖さもあります。それらの課題を減らしていき, 利用者が安心して使用できることが大切だと思いました。

記載量は多くはありませんが, 要因③に当たる「計測・制御がもつ技術の本質, 課題」, 要因④に当たる「計測・制御の技術が与える影響の考慮(安全)」を踏まえた記載になっていて, 高い評価となる。

ベテラン先生の
アドバイス

「質」を読み取れるようにトレーニング

　ふり返りの「質」を読み取ることは難しく感じがちですが, 少しのトレーニングを積むことで, 生徒一人当たり1分以内で判定できるようになります。トレーニングは, 自分だけでもできますが, 勉強会などで互いに検討し合うこともできます。地域内の技術・家庭科の先生同士で行うのが理想ですが, 教科を越えて共通していますから, 同じ学校内の技術分野と家庭分野の先生同士, あるいは他教科の先生と行うことも可能です。

ANSWER 3

「思考・判断・表現」の評価の判定基準を，「ふり返り」の記載内容の「質」で決めましょう。

TRY 「思考・判断・表現」の評価では，生徒にもわかる姿を判定基準として表すことにトライ！

　「思考・判断・表現」を読み取る判定基準は，評価規準の設定例を参考に，生徒にもわかる現実的な姿にしてみましょう。このとき，「量」でなく「質」の基準を示すことが大切です。

　そこで，技術・家庭科の授業を通して，「思考力・判断力・表現力」を身につけた姿の「段階」について，次にそのレベルのイメージを示していきます。

題材のまとめ段階での望む姿（質）と，その段階の判定基準の例

望む姿（質）（技術分野と家庭分野共通）
　ふり返りでは，課題を明確にし，「思考力・判断力・表現力」を育てる学びを生かして，自分や社会生活の状況を想定して，適切な解決策を工夫したり，見つけ出したりしている。

例（技術分野）「ふり返り」では，技術的な課題を明確にし，「思考力・判断力・表現力」を育てる学びを生かして，自分や社会生活の状況を想定して，適切に技術を選択，管理・運用，改良，応用したりして見つけ出している。

例（家庭分野）「ふり返り」では，家族・家庭や地域における生活の中の課題を明確にし，「思考力・判断力・表現力」を育てる学びを生かして，自分も家庭生活や地域を支える一員として，選択，活用・探究し，評価・改善，応用したり，見つけ出したりしている。

望む姿 ★★★★	よい ★★★	まあまあよい ★★	あまりよくない ★
・学習成果が概念化し，学習以外に目が向く段階。	・設計や計画をするために目的や条件の大切さを示す段階。	・作業や実習をどう工夫しかたの具体的方法の段階。	・授業での作業や実習活動の感想段階。
・学習成果を社会や産業で活用していくために必要なことに目が向いている。 ・学習成果をどう生活や社会で活用していくかの具体策を出す。	・設計や計画通りにするために工夫すべき具体例を示せる。 ・そのときの状況に応じた作業や実習の工夫例を示せる。	・決められた時間や材料・工具の制約条件の中でどこまで学習活動を工夫したかがわかる。	・単一の技能レベルの感想の内容。 ・使った知識や技能についての感想のみ。

※この姿を，P.69で示した「要因①〜④」をもとに，読み取ります。

SUGO わざ×パーフェクト
ふり返ることができる生徒

誰にでも説明できる判定基準を研究し，設定しましょう。

 観点別学習状況のA・B・Cの評価を気にしすぎず，生徒の学習実態を評価することにトライ！

　評価規準に基づき，A・B・Cの判定基準を決めていくのが正当な方法です。しかし，A・B・Cをつけることだけにいつの間にか陥っていませんか。

　ここでは「生徒を育成したい姿」に設定するところから始め，最終的に評価に落とし込んでいく方法を例示します。下の表を参考に，「質」の読み取りの判定基準を学校ごとに作成しましょう。

評価は成績をつけるだけでなく，教科を好きにする役目もあります。

1 「思考・判断・表現」の「質」の判定基準を作成する場合

① 評価規準から読み取りの判定基準案を，A・B・Cでなく★の数で作成する。

評価規準：家族と家庭について課題を見つけ，その解決を目指して，○家の問題解決をベースにワークシートに自分なりに工夫した姿が表現できている。

★★★★	★★★	★★	★
気になることに対し，各家庭の状況を踏まえ，結果や理由を踏まえ，**学習課題に正対して**，自分がすべきことに対する決意の段階。	気になることに対し，**各家庭の状況を踏まえ**，自分がすべきことに対する願望または決意の段階。	気になることに対する，課題に対して自分がすべきことに対する願望の段階。	望む姿を満たしていないか，無記入の段階。

② 生徒の記載内容を一通り見て，判定基準のキーワードを探す。

　読み取りに必要なキーワードや姿などをメモしましょう。生徒の記載の様子によっては，①の修正も必要になります。

★★★★	★★★	★★	★
自分がすべきことが外に向いている。	特定の家庭から抜けている。	特定の家庭のみ。	

③ 最終的に，分布を見て，A・B・Cにする（全体を36名とした場合）

　この分布の場合，★★★★がA，★★★がB，★★と★をCとする評価が考えられる。

★★★★	★★★	★★	★
8名	21名	5名	2名

2 「主体的に学習に取り組む態度」の判定基準を作成する場合

　「主体的に学習に取り組む態度」を評価するときは，「終末の感想」を「初発の感想」と比較し，その変容を読み取ります。判定基準を作成するときは，次の基準例を参考にしましょう。

■ 技術分野と家庭分野に共通した読み取りの判定基準の例

望む姿：「初発の感想」で関心の芽ばえが，「終末の感想」において，学習成果を主体的に工夫し創造して活用する態度の表現が見られる。

★★★★ 態度化した内容	★★★ 考えられた内容	★★ 知識や感想の内容	★ 変容なし
○次の学習へ向かう具体策の提案や実践する意思表記。 ○社会へ目を向けた問題解決の具体的な提案。 ○主体的な根拠や客観的事実に基づく具体論。 ○概念の変化。	○学習以外への新たな気づき・発見・知識。 ○学習以外の内容との比較や疑問。 ○学習以外の内容や身近な生活へ目が向く。 ○正しい見方・考え方。	○単語から学習した知識内容の文章化。 ○作業・実習・観察の様子を示す文書。 ○初発の感想より知識の広がり。	○初発の感想の単語のみが記載されたまま。 ○単なる感想。

■ 各分野の読み取りの判定基準の例

★★★★ 態度化した内容	★★★ 考えられた内容	★★ 知識や感想の内容	★ 変容なし
社会へ向かう範囲	自分の行動の範囲	学習内容の範囲	
広い問題の発見	工夫内容	作業や実習の感想	

技術分野の望む姿（材料加工）：材料が持つ特徴を考えた設計や製作について，学んだ成果の設計や製作を社会の問題解決に生かしていこうとする態度が見られる。

使う目的や条件によって，材料が選ばれ，設計されていることを観察して，自分が設計するときに生かしていきたい。	いろいろな製品は，使う目的や機能を満足させる材料が使われているので，何かつくるときはそうしていきたい。	材料には，木材，金属，プラスチックなどがあり，それらにも多くの種類があることに驚いた。	○単語が羅列されたまま。 ○教科内容以外の単語の記載。

家庭分野の望む姿（衣生活）：生地が持つ特徴を考えた衣服の使い方について，学んだ成果を生かし，これからの衣生活を工夫し，豊かにしようとする態度が見られる。

生地を選ぶときは，使う目的により，生地が持つ特徴を考えて選ぶことが大事で，これからの生活では，このことを考えて使う目的に合うように選んでいきたい。	生地は，色や模様だけでなく，使う目的を考えていろいろな種類から選ぶことが大事であることに気づいた。選び方に気をつけたい。	生地にはいろいろな種類があることに気づいた。衣服の表示から選択のしかたなどいろいろなことが理解できた。	○単語が羅列されたまま。 ○教科内容以外の単語の記載。

参考資料：中村祐治他「これならできる　授業がかわる　評価の実際　「関心・意欲・態度を育てる授業」開隆堂出版　2006.10

深い学び

生徒が自ら課題を解決する「深い学び」の授業を見学しました。こんな授業をするにはどうすればいい？

CHECK ✓ どうして「深い学び」にならないのか，その原因をチェック！

CHECK 1

「深い学び」の授業は，
どんなものなのか
よくわからない。
アクティブ・ラーニングと
どんな関係があるのかな？

「深い学びになるように授業しなさい」と言われたけれど，生徒がとまどうばかりだわ。

ANSWER
1

CHECK 2

導入なしで，いきなり
「深い学び」の学習に
入っていいのかな？

これでは授業にならない。深い学びの前に基礎学習が必要だ。

先生，ここがわかりません。

ANSWER
2

CHECK 3

「深い学び」を行う
ための学習活動が
よくわからない。
どんな指導方法が
よいのかな？

今日は深い学びの日だから，きちんとした姿勢で，きれいに書くこと。私語は禁止。黙って考えること。

ANSWER
3

&悩みの相談室

ANSWER 1

「深い学び」では，生徒の頭がフル回転し，主体的に学びます。こんな学びに生徒を導きましょう。

 TRY 生徒に主体性のある「深い学び」の授業づくりにトライ！

「アクティブ・ラーニング」での「深い学び」とは

学習活動の姿が「動」だけでなく，学習活動の姿が「静」であっても，頭の中がフル回転している「動」の状態を指します。

学習活動の姿が「動」の「学習活動」

話し合い活動や相談活動の
アクティブ・ラーニング

いずれも主体的な学びで「深い学び」

学習活動の姿が「静」でも頭の中が「動」の「学習活動」

頭の中がフル回転の
アクティブ・ラーニング

アクティブ・ラーニングでの深い学びと生徒の主体性

学習活動の姿が「静」であっても，アクティブ・ラーニングの「静」と一斉指導の「静」とは，生徒の主体性が違っています。

一斉指導 → 受け身で一方的に話を聞き，書き写す「静」

「深い学び」 → 頭の中がフル回転しているが，学習活動での見かけは「静」

学習の進み方による学習活動の「動」と「静」

「深い学び」は，学習活動によって，「浅い思考活動」→「動作停止活動」→「深い思考活動」の3段階で進んでいきます。3段階によって，「静」と「動」が異なっています。

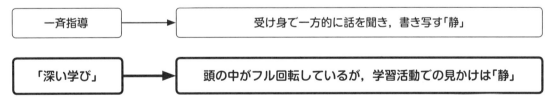

第1段階 「浅い思考活動」主に「動」の状態

第2段階 「動作停止活動」主に「静」の状態

第3段階 「深い思考活動」主に「静」の状態

学びの条件をそろえて，「深い学び」に入りましょう。

「深い学び」に入る前に，必要な基礎学習などを行うことにトライ！

導入学習1 「思考力・判断力・表現力」の育成に必要な基礎的「知識・技能」の習得

| 基礎的な「知識・技能」を習得する学習活動 | → | 主体的な「思考力・判断力・表現力」を育てる学習活動での「深い学び」 |

導入学習2 「思考力・判断力・表現力」の育成に必要な「学習課題」の提示や使える工具や道具及び活動時間などの「制約条件」の提示

| 学習課題の提示 | → | 主体的な「思考力・判断力・表現力」を育てる学習活動での「深い学び」 |
| 制約条件など | → | |

導入学習3 前段階での「基礎内容」や「制約条件」を頭の中に入れながら，「思考力・判断力・表現力」を育成する学習活動

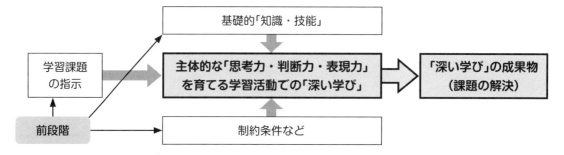

補足1 **作品見本を提示する**

　課題のゴールである作品見本や計画のイメージを提示する方法も有効です。ゴールとなる作品の見本や計画の見本を１つにすると，そのままにまねしてしまう恐れがあるので，数を多くしたり，部分に分けた見本にしたりするのがポイントです。

補足2 **先輩の作品例を提示する**

　先輩の作品例や計画例を見せると視野が狭くなったり，まねをしたりするデメリットを考えがちですが，提示方法を工夫すれば，生徒たちの思考のジャンプアップに効果的です。先輩がどんな着眼点で作成したのか，何がよいのかを明確にして展示・掲示してみましょう。

　また，先輩の作品例は，使う工具や道具の制約条件が同じであることがわかる点でメリットがあります。

ANSWER 3

「深い学び」に至るまでの学習活動を理解しましょう。

TRY

「深い学び」の3段階の思考形態があることを承知して，「深い学び」にトライ！

　「深い学び」には，次の3段階の学びの形態があり，第2段階から学習のしぐさ（学習活動の姿）が表れます。

第1段階「浅い思考活動」
学習課題を解決するため，どんな「知識・技能」を使うか，守るべき「制約条件」は何かを確認する段階。
必要な相談は認める。

第2段階「動作停止活動」
見かけでは動作が止まっていても，頭の中では解決策をどうしたらよいかを一生懸命に整理している段階。
生徒の実態で支援を変える。

第3段階「深い思考活動」
頭の中で整理したことをまとめて，一気に解決する活動になる段階。黙って見守る。一斉指導はしない。

第1段階
「浅い思考活動」

第2段階
「動作停止活動」

第3段階
「深い思考活動」

自然発生的な相談活動。

教科書や資料を見る。

図面を見て考える。

目はうつろで頭をかかえる。

ほおづえをする。

手を頭に回す。

一気に図をかく。

筆圧が強くなる。

消しゴムを片手にしながら考える。

消しゴムで修正する。

「学習のしぐさ」から生徒が「深い学び」のどの段階にあるかを知ることができます。

悩みの相談室

「深い学び」では，どんな学習指導をするのか わからない

「深い学び」の「浅い思考活動」「動作停止活動」「深い思考活動」の３段階により，学習指導のしかたを次のように変えてみると効果です。

第1段階 「浅い思考活動」では，

自然発生的に必要を感じて相談活動が始まったときの私語は認めましょう。離れた席に移動して相談する生徒の行動も認めましょう。この段階での，グループ活動での対話的な学びは有効です。

第2段階 「動作停止活動」では，

思考中の声かけ「ちょっと言い忘れたので聞いて」はいけません。頭の中でフル回転しているのを止めてしまいます。個別支援が原則。下図のように，個の状態によって，個別支援の時期や方法を変えていきます。

第3段階 「深い思考活動」では，

第２段階と同じように一斉指導ではなく，黙って見守り，授業のまとめで指導する情報を収集しておきます。

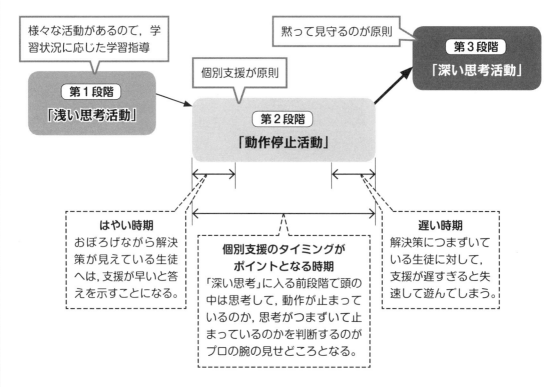

こんな体験から主体的な学習を指導できた！

私も最初はキット教材を使って授業をしていました。

山梨県で教える技術分野の先生

　20代のとき，配属された中学校では「教材の予算を計画」，「教材を選定」，「授業を進める」労力は非常に大きく，とてもキット教材以外の考えはありませんでした。

　そのような中，技術・家庭科の作品展などで他校の生徒作品を見たときの感動は忘れられません。先輩の先生方が教えている生徒の製作物は，「私もつくりたい」と思わせる魅力的な製作品でした。自分の指導した生徒の製作品は劣っていました。

　先輩の先生から学ぶ機会が少なかったことも事実です。勤務する中学校では技術分野を担当する教師は私一人だけでしたので同じ教科の先輩の先生方と話す機会はありませんでした。こんなとき，作品展や研究会に自主的に参加することは，意見や資料をいただく機会となり，楽しみにもなりました。

　エネルギー変換の技術の学習で，ロボコンなどに取り組み始め，学習指導要領や教科書を参考にする中で，キット教材では教える内容が十分ではなく，足りないことも感じ，自分でワークシートや材料をカスタマイズして「自分の授業」にしていくことを少しずつ実践していきました。

　教材や授業内容が変わると，生徒の様子も変わり，学ぶことに興味や関心を持ち始め，次の授業の予定や学ぶ方向性，目的や目標だけではなく，学習の過程などを大切にする様子が見られるようになりました。

1．生徒に何を教えるのが教師としての自分の役割か。
　　今一度考えてみましょう。

2．生徒の好奇心，探究心や学びの意欲を高めるための工夫は何か。
　　教師自身も楽しく学べる内容となっているでしょうか。

3．先輩の先生方の実践を見る機会はあるか。
　　研究会，作品展など自らの学びの機会にしましょう。

SUGO わざ×パーフェクト
ふり返ることができる生徒

終わりにあたって

　1日の終わりに技術室，家庭科室で明日の授業の準備や後片づけをしながら，授業をふり返ってみてはどうでしょうか。生徒の発言をこうすればもっと受け止められたのにとか，多くの指示を出しすぎたなとか，映像で見せた方がわかりやすかったなとか，様々なアイディアや工夫が思い浮かんでくると思います。この掲示物が必要だなとか，この工具や道具を選ばせてみようなどと考えるかもしれません。このような教師の思いから生徒の意欲を喚起するしかけができていきます。

　また，授業時間が少ないから授業がしにくいとこぼすこともあると思います。限られた時間の中でも，生徒が活動する時間，学ぶ時間はあります。私たち教師が，時間をもっと有効に効率よく使えるように工夫・努力することが授業改善につながります。

　この本で，問題解決的な授業の展開のしくみは，ご理解いただけたと思います。その授業展開時の生徒への対応のしかた，評価はどのようにすべきかなど，この本が授業改善の道しるべになることを期待しています。改善された授業から，生徒は計画性，基礎から自ら動く応用まで，臨機応変な姿勢を身につけていくでしょう。

　問題解決的な授業は，今までの授業姿勢から思い切った改革となることでしょう。その結果，違った見方に気づき，生徒への新しい支援や問いかけ，受け止め方が自然とできることになると思います。

　授業づくりの三部作「授業のKARU わざ」「授業のKIME わざ」「授業のSUGO わざ」は，先生方の支援になることを願って，執筆・編集いたしました。この授業づくりのシリーズを読まれた先生方が，教科のプロとして活躍されることを期待しております。

執筆者一同

授業のSUGOわざ

著作代表：元 横浜国立大学教授
　　　　　中村祐治
　　　　　元 全日本中学校技術・家庭科研究会会長
　　　　　長南裕志
発 行 者：教育図書株式会社　代表　横谷　礎
　　　　　〒101-0052
　　　　　東京都千代田区神田小川町3-3-2
　　　　　電話 03-3233-9100（代表）
URL：https://www.kyoiku-tosho.co.jp

表紙デザイン：太田事務所
表紙イラスト：結城 嘉徳
本誌イラスト：アートワーク

9784877304294

1923037006823

ISBN978-4-87730-429-4
C3037 ¥682E

本体：682円＋税

家庭分野　授業づくりシリーズ　第③巻

授業の KARU & KIME わざ

楽しく学べる授業へ

3観点がわかる

K 教育図書

● 教科の実践に取り組まれている先生方へ

　家庭分野の先生として，日々意欲をもたれ，生徒とともに歩まれておられることと思います。また，新任の先生，ベテランの先生とも，授業の年間指導計画の作成や指導方法の研究など，直面する仕事や課題の多さを強く感じていらっしゃることと思います。

　特に新任の先生におかれましては，先輩の先生や指導の先生から生徒の指導方法や年間指導計画の作成方法などは教えてもらうことができますが，肝心の家庭分野の考え方や授業の進め方，評価のしかたや題材の選び方などのわからないことを相談できず，悩まれておられるのではないでしょうか。

　そこで，悩まれている先生，また新たに自分の授業をふり返りたい先生に向けて，悩みの問いと答えを具体的に著した本を作成いたしました。この本をご一読いただくことで，自信を持って生徒に接し，家庭分野へ生徒を引き込む授業が可能となりますことを願っております。

執筆者一同

本書のしくみ … 4 段階で読み進め，取り組めるように編集されています。

1　Question	2　check	3　Answer	4　Try
授業づくりでの問題点や悩み	自分の授業の見直し	解決への指針	解決への実践例や方法例